JN007803

現場のリアルな悩みを
解決する！

職員減少時代の
自治体人事戦略

早稲田大学
政治経済学術院教授

獨協大学
法学部教授

稲継 裕昭 ／ 大谷 基道【著】

ぎょうせい

はしがき

　地球規模の広がりを見せた新型コロナウイルス感染症（COVID-19）は、「住民福祉の増進」（地方自治法第1条の2）を目的とする地方自治体に甚大な影響を与えた。

　政府から小中学校の一斉休校の要請が出され、大部分の自治体では休校を決定した。特別定額給付金の支給事務は基礎自治体である市区町村に任された。ワクチン接種が感染症の広がりを抑える切り札だとされたが、接種券の発送や医師の確保など接種体制の確保もまた市区町村に任された。

　どの業務においても、自治体は限られたマンパワーを最大限動員して当該業務を住民のために迅速に進めるように努力している。「自治体によるサボタージュ」はないにもかかわらず、自治体規模の大小という要因を割り引いても、自治体ごとの差は大きく、住民からの不満にもつながった。

　当該自治体における業務遂行手順はどのようなものだったのか、緊急時の柔軟な対応ができる仕組みはできていたか、組織間の業務割当や応援支援体制はどうだったのか、業務委託する際のノウハウは引き継がれていたのか、何より、業務遂行の要となる職にはどのような職員が充てられていたのか、自治体ごとにその程度は様々である。

　自治体の対応力、組織力は、そこに勤務する自治体職員の能力に依存する。人的資源は、伸縮自在の資源である。どのような人事戦略を展開して、住民サービスの向上に資する有能な職員集団を作るのかが、各自治体に問われている。人口減少や少子高齢化

が進み、2040年には高齢者人口がピークを迎える。自治体の職員数も今後さらに減ることが見込まれる中で、自治体が本来担うべき機能を発揮し、行政サービスを提供し続けるためには、どのような人事戦略が求められるのだろうか。

　自治体の中では、地方自治法をはじめとする関係諸法規や条例に基づいて日々の業務の執行を粛々と行っている公務員が数多くいる。ルーティンの業務をおろそかにすることはできないし、市民が安全安心に暮らすことのできるように様々なサービスを継続的に提供するのは行政の重要な役割である。

　だが他方で、公務を取り巻く環境は大きく変化しており、また、災害時の対応も求められる。非ルーティン型の意思決定が求められる場合も少なくない。従来型の業務遂行が重要な意味を持つ仕事が多いものの、新しい発想での変革が求められる仕事も確実に増えてきている。前例踏襲にとらわれない新しい発想を持って様々な角度から問題を発見、分析して、考える職員が求められている。

　自治体が行う政策・施策は様々な手段の組み合わせで行われる。人事政策も同じで、諸課題は密接に連関し合っている。不定期に発生する諸課題に対してその場しのぎの応急措置を繰り返しても、効果は上がらない。ある制度の変更が他の制度に逆機能をもたらす場合もあり得る。やはり、人事政策全体を見渡して、また、組織の仕事の進め方も見渡して、トータルなシステムとして考える必要がある。そして、それをどのように変革していくかを、現場と人事担当者が一体となって、組織全体として考えていく必要がある。人事制度は人事担当部門だけが当事者ではなく、すべての職員が当事者である。とりわけ現場のマネジャーは極めて重要な当事者だ。現場からの発信は不可欠なものとなってくる。

本書では、今後の自治体に求められる職員像を提示し、そうした人材を育てるためのトータルな人事戦略を考える。職員の採用、配置、異動、育成、能力開発、人事評価、昇任などのあり方などについて、現状の問題点を分析しながら考えることとした。考察にあたっては、職員の定年延長やAI・RPAの導入など、今日的な動向や自治体の先進事例等を交えて構成した。多くの自治体職員に手に取ってもらえるよう、現場のリアルな悩みを踏まえて、できるだけ現場に寄り添う形で考えていったつもりである。

　本書の執筆にあたっては、数多くの自治体現場の方々にインタビューにお答えいただくなど有難いご協力をいただいた。心から感謝申し上げる次第である。また、本書の企画から執筆に際しては、㈱ぎょうせいの皆さんに多大なお世話になった。

　本書が自治体の人事を少しでも良くしようと日夜奮闘しておられる、自治体の人事担当者、現場のマネジャーにとって何らかのヒントになれば幸いである。

2021年9月

執筆者を代表して　稲継　裕昭

第3章

課題解決へのステップ―トータルに考える

第4章

先進事例に学ぶ実践のヒント

第5章

自治体職員の未来

第1章

これからの自治体に求められる職員像とは

　第1章では、職員数のさらなる減少が今後予想される一方で、働き方改革が求められるといった状況下において、どのような人事政策が求められることになるのかについて概観する。

1 職員数半減

　総務省に置かれた「自治体戦略2040構想研究会」の報告書には、自治体職員や自治体人事担当者にとって驚くような見出しが踊っている（報告書31頁）。

「半分の職員数でも担うべき機能が発揮される自治体」

　この見出しを見た時の解釈の仕方は人によって様々だろう。地方財政がますます深刻化してきていることから人件費も削減が必要で、自治体職員数の半減も必要になってくるだろうと考える人。ただでさえ多忙を極め自治体職員の勤務が過酷になっている中で、半減などとんでもないと憤る人。半減を阻止するために運動を起こさなければならないと考える人。総務省が今後、地方交付税の算定基礎をそのように切り下げていくことを予想して、それへの対応をしておく必要があると考える人。2040年には自分は既に退職しているので、自分には関係ないことだと興味を示さない人。受け止め方は立場により人により様々だ。

　この見出しの背景には日本が人口縮減社会に入ったことがある。すべての年齢階層において同じように人口が減るのであれば深刻さはまだましだが、日本の場合は、高齢者人口が増え続ける一方で生産年齢人口が減っていくという中での人口縮減である。

　報告書に沿いつつ、具体的に見ていこう。

図表1－1　自治体戦略2040構想研究会第二次報告書

自治体戦略2040構想研究会　第二次報告

～人口減少下において満足度の高い人生と人間を尊重する社会をどう構築するか～

1　スマート自治体への転換

(1) 半分の職員数でも担うべき機能が発揮される自治体

- ◆ 我が国最大の制約要因は労働力である。近年の出生数が団塊ジュニア世代（200～210万人／年）の半分以下にとどまる（2017年：95万人）ことから、各自治体においては、公的部門と民間部門で少ない労働力を分かち合う必要がある。
- ◆ 今後、自治体においては、労働力の厳しい供給制約を共通認識として、2040年頃の姿からバックキャスティングに自らのあり方を捉え直し、将来の住民と自治体職員のために、現時点から、業務のあり方を変革していかなければならない。
- ◆ 労働力制約への対処は、官民を問わず、新たな発展のチャンスとなる。我が国が世界に先駆けてあらゆる分野で破壊的技術（Disruptive Technologies）（AIやロボティクス、ブロックチェーンなど）を導入していくならば、戦後の焼け野原からの最新の工場設備の投資が高度経済成長を生み出したように、新たな飛躍の絶好の機会となり得る。
- ◆ とりわけ、これは自治体が新たな局面を切り拓く好機である。従来の半分の職員でも自治体として本来担うべき機能が発揮でき、量的にも質的にも困難さを増す課題を突破できるような仕組みを構築する必要がある。

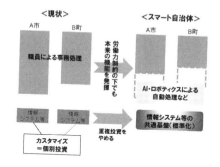

(2) 破壊的技術を使いこなすスマート自治体への転換

- ◆ 上記のような仕組みを構築するためには、全ての自治体で業務の自動化・省力化につながる破壊的技術（AIやロボティクス、ブロックチェーンなど）を徹底的に使いこなす必要がある。AI・ロボティクスが処理できる事務作業は全てAI・ロボティクスによって自動処理することにより、職員は企画立案業

Ⅲ　新たな自治体行政の基本〔…〕

我が国は既に2008年から〔…〕（年間出生数は200～210万人）〔…〕者の数は団塊ジュニア世代の〔…〕の社会経済に追い来る労働力〔…〕提条件であるといえる。

今後、東京圏でさえも人口〔…〕力の絶対量が不足し、経営資〔…〕度・業務を大胆に再構築する〔…〕

自治体に求められる機能〔…〕の人々のくらしを支える機能〔…〕ー」として新しい公共私の〔…〕ことが求められる。

自治体の職員は関係者を〔…〕がある。自治体においては〔…〕ワークライフバランスや〔…〕定年後だけでなく定年前か〔…〕住しやすい環境を整備し〔…〕

このような環境変化に〔…〕に提供していくためには〔…〕できる事務作業は全てA〔…〕務に特化することが必要〔…〕となどにより、従来の半〔…〕量的にも質的にも困難な〔…〕ある。

自治体のあり方は、〔…〕までの人口拡大期には、〔…〕自治体が現場の知恵と〔…〕り越えてきた。いわば〔…〕た。

しかしながら、人口〔…〕ネットワークで結ばれるようになったこ〔…〕務のカスタマイズは却って全体最適の支障となっている。

今後の自治体は、行政サービスの質や水準に関する自律的な意思決定を行う主体であることを前提としつつ、その機能を存分に発揮するために、標準化された共通基盤を用いて、効率的にサービスを提供する体制を構築することが求められる。

人口縮減時代のパラダイムへの転換は、個別自治体における対応にとどまらない。

3

2040年頃には団塊ジュニア世代が65歳以上となる。（同29頁）

　団塊ジュニア世代とは、年間の出生数が200万人を超えた第2次ベビーブームの1971〜74年生まれを指す。人口が多いために大学入試においては競争が激しく、社会に出る頃にはバブル経済が崩壊したあとの就職氷河期と重なった人も少なくないなど、あまりいい目を見なかった世代でもある。他方で2040年頃には、

　　20歳代前半となる者の数は団塊ジュニア世代の半分程度にとどまる。（同頁）

　2040年に20歳代前半となる者は2015年から2020年に生まれた者だが、**図表1-2**のように、出生数は2016年に既に100万人を切っており、2019年には87万人、そして2020年には85万人を割っている。団塊ジュニア世代の45％程度になることがいまから確定している。
　このように考えると、

　　日本の社会経済に迫り来る労働力の深刻な供給制約は、もはや避けがたい社会経済の前提条件であるといえる。
　　（今後、東京圏を含む）全ての自治体において、若年労働力の絶対量が不足し、経営資源が大きく制約される。このことを前提に、既存の制度・業務を大胆に再構築する必要がある。（同頁）

　つまり、日本では、少子化が要因となって、労働供給量の大幅な減少は避けられない。そのような将来的な労働力不足を念頭に置きつつ、外国人労働力の受入れのための出入国管理法の改正がなされたし、さらなる拡大に向けての議論もなされてはいる。

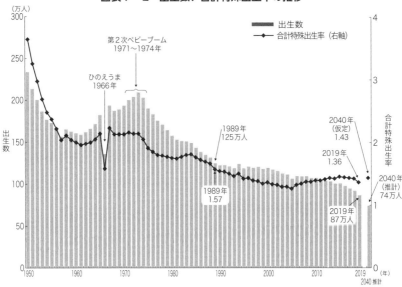

図表1－2　出生数、合計特殊出生率の推移

資料：2019年までは厚生労働省政策統括官付参事官付人口動態・保健社会統計室「人口動態統計」（2019年は概数）、2040年の出生数は国立社会保障・人口問題研究所「日本の将来推計人口（平成29年度推計）」における出生中位・死亡中位仮定による推計値。
資料出所：「令和2年版　厚生労働白書」図表1-1-7

　しかしながら、「公務員」の場合、一定の分野を除いては国籍要件が必須とされるなど様々な制約があり、民間企業と比べると労働力不足はさらに深刻だ。民間企業が希少な人材の獲得競争をして好条件を提示していく中で、自治体が有為な人材を獲得することはますます困難になっていかざるを得ない。

　そのような状況下で、いかに少数精鋭の優秀な人材を確保するか、採用後のキャリアをどのように描くか、それに向けてどのような人材育成方法を構築するか、個々の職員への能力向上へのインセンティブ付与や心理的な仕組みの提供をどうするか、人事評価や昇進ルート、昇格要件、給与体系などをどのように構築するのかなど、トータルな人事戦略を描くことがいま求められている。

2 スマート自治体への転換

報告書は続いて、次の記述に進む。

　労働力制約への対処は、官民を問わず、新たな発展のチャンスとなる。我が国が世界に先駆けてあらゆる分野で破壊的技術（Disruptive Technologies）（AIやロボティクス、ブロックチェーンなど）を導入していくならば、戦後の焼け野原からの最新の工場設備の投資が高度経済成長を生み出したように、新たな飛躍の絶好の機会となり得る。

　とりわけ、これは自治体が新たな局面を切り拓く好機である。**<u>従来の半分の職員でも自治体として本来担うべき機能が発揮でき</u>**、量的にも質的にも困難さを増す課題を突破できるような仕組みを構築する必要がある。（同31頁。下線及び太字は筆者加筆）

　いきなりAIやブロックチェーンが登場して面食らった人も多いかもしれない。しかし、総務省（自治系）の報告書でこのような表現は近時しばしば見られるところである。2020年12月25日に閣議決定された「デジタル・ガバメント実行計画（2020年改訂版）」に平仄を合わせて同日発出された総務省の「自治体デジタル・トランスフォーメーション（DX）推進計画」には、それが顕著に見られるところである。

　労働力不足へ対処する手法として焦点が当てられているのが、「破壊的技術」というキーワードで示されているAI（人工知能）やRPA（ロボティック・プロセス・オートメーション）[1]である。今後、ベテラン職員への知識蓄積や若手職員へのノウハウの継承が難しくなることが予想される中、AIが職員の知恵袋としてベテラン職員を代替す

ることも近い将来考えられる。また、RPAの導入によって少ない職員数でより複雑な業務の遂行が可能になることも予想される。

　2018年11月時点で、AIやRPAを1業務でも導入している（実証実験を含む）自治体は、都道府県で4割弱、指定都市で6割、その他の一般の市区町村では約4％に過ぎず普及率は低かった。だがその後、RPAに関する総務省の補助金や地方交付税算定が始まったこともあり、自治体でのRPAの導入は急速に広まりつつある。AI導入も進みつつある。上記の調査のおよそ2年後、2020年12月現在では、都道府県で85％、指定都市で80％、その他の市区町村でも21％が導入済みになっている。その他の市区町村でも実証中が6％、導入予定は12％となっているので、合計すると約4割が導入（予定）となっている（**図表1−3**）。ベンダー間の競争が激しくなったこともあって、様々な分野で実用化が進められつつある。

　RPAに関しては、2020年12月時点で、都道府県で74％が導入済み、21％が実証中（導入予定を含めると100％）、指定都市で65％が導入済み、25％が実証中（同100％）、その他の市区町村で19％が導入済み、8％が実証中（同37％）となっている（**図表1−4**）。わずか1年少しで面的な展開が進みつつあり、総務省としても、RPA導入へ補助金を出したり、交付税の算定に加えたり、また、2021年1月には100頁にも及ぶガイドブック（『自治体におけるRPA導入ガイドブック』）を作成し提供するなどして、導入の後押しをしている。

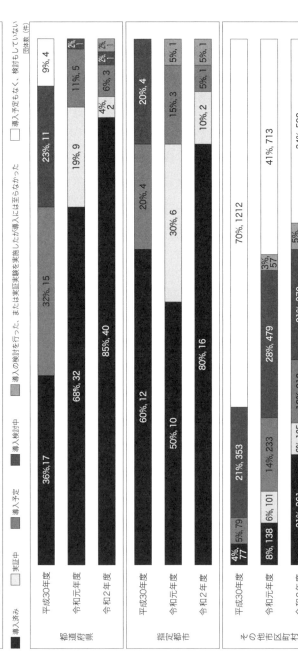

図表1－3　自治体におけるAI導入状況

・導入済み団体数は、都道府県・指定都市で8割以上となった。その他の市区町村は21%にとどまっているが、実証中、導入予定、導入検討中を含めると約6割の自治体がAIの導入に向けて取り組んでいる。

凡例：導入済み　実証中　導入予定　導入検討中　導入の検討を行った、または実証実験を実施したが導入には至らなかった　導入予定もなく、検討もしていない

団体数（件）

都道府県
- 平成30年度：導入済み 36%,17／導入検討中 32%,15／導入予定もなく検討もしていない 23%,11／9%,4
- 令和元年度：導入済み 68%,32／19%,9／11%,5／2%,1
- 令和2年度：導入済み 85%,40／4%,2／6%,3／2%,1／2%,1

指定都市
- 平成30年度：導入済み 60%,12／導入検討中 20%,4／20%,4
- 令和元年度：導入済み 50%,10／30%,6／15%,3／5%,1
- 令和2年度：導入済み 80%,16／10%,2／5%,1／5%,1

その他市区町村
- 平成30年度：4%,77／5%,79／21%,353／70%,1212
- 令和元年度：8%,138／6%,101／14%,233／28%,479／41%,713／3%,57
- 令和2年度：21%,361／6%,105／12%,210／21%,370／34%,592／5%,83

※平成30年度の「導入済み」には「実証中」を含む

総務省自治行政局行政経営支援室「地方自治体におけるAI・RPAの実証実験・導入状況等調査」（平成30年度11月1日現在）
総務省情報流通行政局地域通信振興課「地方自治体におけるAI・RPAの実証実験・導入状況等調査」（令和元年度2月28日現在）
総務省情報流通行政局地域通信振興課「地方自治体におけるAI・RPAの実証実験・導入状況等調査」（令和2年度12月31日現在）

資料出所：総務省「自治体におけるAI・RPA活用促進」（図表1－4も同じ）　https://www.soumu.go.jp/main_content/000716134.pdf

図表1-4 自治体におけるRPA導入状況

- 導入済み団体数は、都道府県が74%、指定都市が65%まで増加した。その他の市区町村は19%にとどまっているが、導入予定、導入検討中を含めると約6割の自治体がRPAの導入に向けて取り組んでいる。

凡例: ■ 導入済み ■ 実証中 ■ 導入予定 ■ 導入検討中 ■ 導入の検討を行った、または実証実験を実施したが導入には至らなかった □ 導入予定もなく、検討していない 回答数(件)

都道府県

年度	導入済み	実証中	導入予定	導入検討中	検討したが至らず	検討せず
平成30年度	30%, 14			43%, 20	19%, 9	9%, 4
令和元年度	49%, 23			36%, 17	15%, 7	
令和2年度	74%, 35			21%, 10	4%, 2	

指定都市

平成30年度	40%, 8		40%, 8	20%, 4		
令和元年度	45%, 9	25%, 5	25%, 5	5%, 1		
令和2年度	65%, 13	25%, 5	10%, 2			

その他市区町村

平成30年度	3%, 59	8%, 130	22%, 386	67%, 1146		
令和元年度	9%, 148	10%, 168	14%, 233	26%, 445	5%, 78	38%, 649
令和2年度	19%, 335	8%, 130	10%, 172	22%, 385	8%, 135	33%, 564

総務省自治行政局行政経営支援室「地方自治体における RPA・AIの実証実験・導入状況等調査」(平成30年度11月1日現在)
総務省情報流通行政局地域通信振興課「地方自治体における RPA・AIの実証実験・導入状況等調査」(令和元年度2月28日現在)
総務省情報流通行政局地域通信振興課「地方自治体における RPA・AIの実証実験・導入状況等調査」(令和2年度12月31日現在)

※平成30年度の「導入済み」には「実証中」を含む

9

AIやRPAをはじめとするロボティクスなどの技術革新とその利用が進展することにより、今後、AIやRPAによって処理することができる事務作業はすべてそれらに任せていき、職員は職員でなければできない業務に特化していくことが必要である。そのことにより、「半分の職員数でも担うべき機能が発揮される自治体」となることが目指されている。

3　自治体職員数は既に雑巾を絞り切った状態

　平成年間においては、地方財政上の制約、行財政改革の旗印のもと、職員数の大幅な削減が見られた。1994年（平成6年）に328万人を数えた地方公務員数はその後減少を続け、2014年（平成26年）には274万人と、20年間で54万人も減少した（**図表1−5**）。特に、集中改革プラン（2005〜10年（平成17〜22年））の5年間で約23

図表1−5　自治体職員数の推移

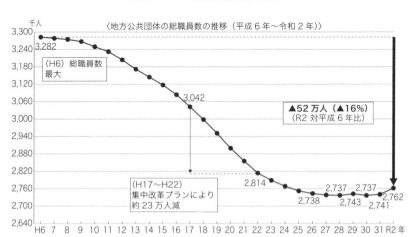

資料出所：総務省「令和2年度地方公務員定員管理調査」

万人減少している。

部門別に見ると、**図表1-6**のような傾向となっている。

住民の安全・安心を守るための警察、消防部門では伸びが顕著である。これらの部門での増加は住民に説明がつきやすい。また一般行政部門でも、防災のほか、児童相談所、福祉事務所などセーフティネットにかかわる部門では職員数は増えている。

他方で、少子化の影響により義務教育の教員数は減少を続けている。また一般行政部門でも、企画開発や総務一般といったホワイトカラー業務において大きく減少している。さらに、清掃などの技能労務職での減少も著しいところである。

一般行政職の職員数は減少していったが、業務量は減るどころかむしろ増加の一途をたどった。介護保険制度のスタートをはじめとする少子高齢化対策や地方創生など新たな行政課題が噴出し、自治体業務の高度化、複雑化、そして業務量のさらなる増大がもたらさ

図表1-6 部門別職員数の推移（平成6年（1994年）を100とした場合の指数）

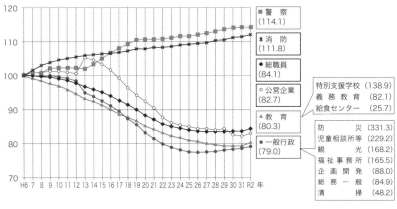

※平成13年に生じている一般行政部門と公営企業等会計部門の変動は、調査区分の変更によるもの。

資料出所：総務省「令和2年度地方公務員定員管理調査」

11

れた。地方分権の進展、県から市町村への分権（事務移譲）、市町村合併の進展はそれに拍車をかけることになった。

　職員数はこのように減少傾向にあったのに対して、自治体が処理すべき業務量はこの間むしろ増加傾向にあり、職員一人当たりの業務負担量も増加していった。対応しきれない事務については、非正規職員や派遣職員へ依存する率も高くなっていった。本庁舎勤務職員の半分は人材派遣会社への外注という自治体も少なくない。職員定数についても、「濡れ雑巾を絞る」というよりも「乾いた雑巾をさらに絞れと言われているみたいだ」と愚痴をこぼす担当者も多い。

　このようなぎりぎりの体制で業務遂行をしているときに、2020年、新型コロナウイルス感染症対策という大きな課題が自治体を襲った。自治体は24時間動いている地域の暮らしへの対応が常に求められている。仕事はいくらでも湧いてくるし、定型外の対応も求められる。とりわけ新型コロナ関連の対応は定型外のものばかりだった。特別定額給付金の支給関連のトラブルも多かった。その上、民間に比べれば遵守すべき法令が多く、「紙」の重要性も高い（ペーパーレスがなかなか進まない）。また、議会対応など、民間には存在しない業務も多くある。

　新型コロナ対応という未曾有の事態で、デジタル化などシステムの問題がクローズアップされ、取り組みも進められつつあるが、人事の問題はより焦点が当てられてよい。人員の配置や仕事の割り振り、平時と非常時の仕事のバックアップ体制、リモートワークをはじめとする働き方の見直しなど、人事諸制度をトータルに見直す、絶好の機会が到来しているともいえる。

4 職員の働き方の変化

　職員数制約の下での業務量増大は、常勤職員の働き方に大きな影響をもたらし、職員の労働密度はかなり濃くなった。数十年前は自治体というのは「3ず主義」（「遅れず」「休まず」「働かず」）で、のんびり仕事をこなしているといった批判がなされることも多かったが、現在では厳しい労働環境に置かれている場合も少なくない。業務量の増加と正規職員数の減少に伴って残業時間が増え、有給休暇が消化できないという状態が恒常化してきた。

　図表1－7は、自治体職員の時間外勤務の実態調査結果である。

図表1－7　地方公務員の時間外勤務の実態

		平均時間外勤務時間/月	平均時間外勤務時間/年	60時間超/月の職員の割合（%）	うち80時間超(%)
全体		13.2	158.4	2.8	1.1
	都道府県	12.5	150.0	2.5	0.9
	政令市	14.5	174.0	3.1	1.2
	県庁所在市	13.3	159.6	3.0	1.3
本庁		18.3	219.6	5.4	2.2
	都道府県	18.6	223.2	5.3	2.2
	政令市	19.5	234.0	5.8	2.3
	県庁所在市	16.5	198.0	4.8	2.1
	最も多い団体の例	31.0	372.0	16.0	
出先機関		9.9	118.8	1.2	0.4
	都道府県	8.8	105.6	0.9	0.2
	政令市	12.0	144.0	1.7	0.6
	県庁所在市	9.8	117.6	1.4	0.5

参考：国家公務員　全体平均(2015)　233（本府省363、それ以外206）
参考：民間労働者(30人以上事業所)　154

資料出所：総務省「地方公務員の時間外勤務に関する実態調査結果」（2015年度）から筆者作成

これは、職員全体の時間外勤務時間の平均を示しているだけであり、特に忙しい部局ではこのレベルでないことは、多くの自治体職員の実感だろう。現に、月60時間超の残業を行っている職員の割合は、ある団体では16%に及んでいた[2]。

5　4分の1がメンタルヘルス不調を経験

　長時間残業は様々な歪みをもたらす。継続すると、疲労やストレスをもたらし、極端な場合メンタルヘルス不調に至るケースも少なくない。ある調査によると、「過去3年間で、落ち込んだり、やる気が起きないなどの精神的な不調（メンタルヘルス上の不調）を感じたことがあるか」との問いに対して、不調を感じたことが「ある」との回答が25.7%と全体の4分の1を占めていた[3]。

　そのうち76.5%は「通院治療なしでも、日常生活を送れる状態」だが、「通院治療しながらなら、日常生活を送れる状態」（16.2%）、「通院治療しながらでも、日常生活を送るのが困難な状態」（3.3%）を合わせると、不調を感じた人の2割程度が通院治療を必要としていた。なお、公務部門では21.1%が「ある」と回答していた。

　メンタルヘルス不調に陥った人が、その後、職場でどのような状態になったかを見ると、「休職も通院治療もせずに働いている」人の割合が72.0%となっているものの、退職した人（「休職せず退職した」「休職を経て退職した」「休職を経て復職後、退職した」の合計）が13.3%にもなっている。つまり、メンタルヘルス不調になった人の13.3%が結局、職場を退職しているのだ。戦力として予定していた従業員がメンタル不調で退職に追い込まれるというのは組織にとって大きな痛手であり、それを未然に回避することに多くの企

業が注力している。

　地方公務員に限定した調査もなされている。（一財）地方公務員安全衛生推進協会による「地方公務員健康状況等の現況の概要」によれば、2019年（令和元年）度の長期病休者数（10万人率）は2,708.9人だった。在職職員の2.71%が長期病休者となっている。主な疾病分類別に見ると（**図表1−8**）、第1位は「精神及び行動の障害」（いわゆるメンタルヘルス上の不調）で、1,643.9人となっている（1.63%）。2004年（平成16年）度はその数字は702.4人（0.70%）だったので、15年間で約2.3倍に増加していることになる。さらにさかのぼると、1998年には272.1人（0.27%）だったので、21年間で6.0倍に急増している。

　この間、メンタルヘルス不調を減少させるための対策も色々とら

図表1−8　地方公務員の長期病休職者

主な疾病分類別長期病休者率（10万人率）の推移

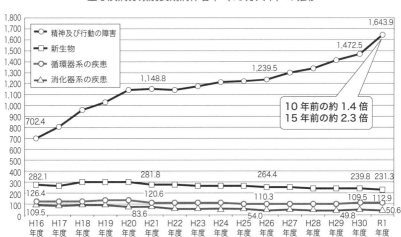

資料出所：一般財団法人地方公務員安全衛生推進協会「令和2年　地方公務員健康状況等の現況の概要」

れてきてはいるが、年々の増加傾向には歯止めがかかっておらず、メンタルヘルスの不調による長期休職者が増加し続けている。

　1.6%の職員がメンタルヘルス上の不調による休職をしているということは、その頭数の人員不足に陥るだけでなく、その周囲の職員にかかる新たな負担（復職支援プログラムの準備及び実施、上司による職場環境等の問題点の把握・改善、就業上の配慮、復職後の状態観察など）が当該職場に大きく振りかかってくる。

6　長時間残業の副作用、長時間となる要因

　長時間残業はメンタルヘルス不調を誘発するだけでなく、その他にも様々な副作用をもたらす。

　まず、時間経過とともに作業効率を低下させ、ひいては生産性を低下させる。

　また、組織として人員配置を考えた場合、時間制約のある職員―子育て中、介護中―は財政部門や人事部門など、伝統的に恒常的残業を伴ってきた組織の中核的な部署には配属できず、また、それ以外の部署でも残業を伴う業務の割り振りをすることができない。時間制約のない職員が中核部署に配属になったり中核業務を割り振られたりして能力開発の機会が与えられる一方、時間制約のある職員はキャリア形成の機会を削がれることになる。個々人のタレント（能力）を十分に活かす人的資源管理になっていない。

　残業時間の多寡は、①部署間の業務配分や定員管理の問題、②部署内の個々人への職務配分、ジョブ・アサインメントの問題、③個人の能力の評価の問題が複雑に絡みあっている。果たしてそれらをトータルに考えた取り組みがなされているのだろうか。

7 自治体における働き方改革取り組み施策の現状

多くの自治体では、働き方改革について、既に何らかの取り組みがなされている。

図表1−9は、全国の自治体における働き方改革のうち、残業削減・休暇取得・研修・評価の状況を、図表1−10は同じく業務効率化の状況について示したものである。

「定時退庁日の設定」「時間外勤務の事前申請・承認」は職員数101人以上の自治体ではほとんど取り組まれており、それ以下の職員数の自治体でも8割とか6割で取り組まれている。「働き方に関する管理職へのマネジメント研修」「働き方に関する一般職員を対象とした研修」といった研修や、「管理職の評価への労務管理や働き方改革の視点導入」「一般職員の評価への効率的な働き方の視点導

**図表1−9 働き方改革について、取り組みを行っているもの
【残業削減・休暇取得・研修・評価】**

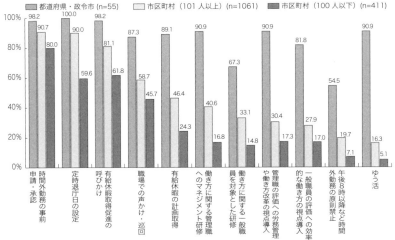

資料出所：総務省公務員部「地方公務員における女性活躍・働き方改革推進のためのガイドブック改訂版」（2019年3月）

入」といった人事評価に関するものなどは、規模の小さい自治体では取り組みが低調だが、都道府県・政令市ではかなりの取り組みが進められているようである。

業務効率化の状況について見ると（**図表1-10**）、都道府県・政令市では、「定例的な業務の点検・見直し」をしている団体が85.5%、「係を超えた人員配置・応援体制の構築」に取り組んでいる団体が74.5%、「担当者が不在時に他の人が仕事を代替できる体制づくり」に取り組んでいる団体が63.6%となっており、これら3項目については、市区町村（100人以下）でも3割以上の団体が取り組んでいる。

一方、都道府県・政令市では「会議運営のルール化」（67.3%）、「サテライトオフィスの設置」（49.1%）、「在宅勤務の導入」（41.8%）などはある程度取り組みが見られるのに対して、市区町村においては

図表1-10　働き方改革について、取り組みを行っているもの【業務効率化】

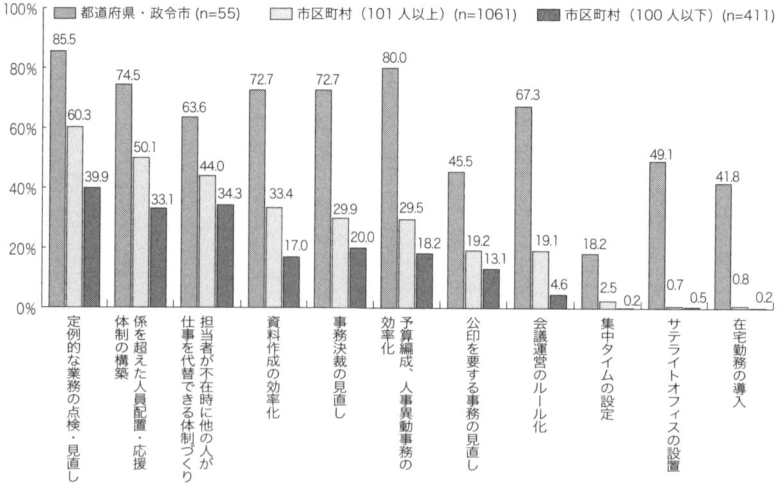

資料出所：総務省公務員部「地方公務員における女性活躍・働き方改革推進のためのガイドブック改訂版」（2019年3月）

取り組みが進んでいない状況となっている。

　なお、都道府県・政令市では、「資料作成の効率化」「事務決裁の見直し」「予算編成、人事異動事務の効率化」についても、7割以上の団体で取り組みが進められている。

　このような取り組みが地道に進められているものの、なかなか目に見えた効果は出ていないのが現状だ。

　民間企業の場合、働き方改革関連法の施行により、罰則付きの強制的な残業時間の規制が導入された。労働基準監督署が監視にあたり、規制に違反すると、場合によっては懲役刑も科せられるという厳しいものである。マスメディアの眼も厳しく光っており、「ブラック企業」というレッテルが貼られることは企業の信用にもかかわることなので、各企業が取り組みに躍起になっている。

　これに対して、地方公務員の場合は、一般の行政職員に関する労働基準監督機関は各都道府県・政令指定都市の人事委員会となっている（地方公務員法第58条第5項）。人事委員会では採用試験、給与勧告や公平審査に大部分の人員と時間をとられており、東京都人事委員会を除けば労働基準監督業務にあたる専任職員を置いておらず、当該業務の実態は、労働基準監督署には遠く及ばない。さらに、人事委員会が置かれていない一般の市町村においては、労働基準監督業務は当該自治体の長がそれにあたるということになっている。首長が「使用者」と「使用者の監視者」の地位を兼ねることになるために、立法論として問題が残るとされている。

　地方公務員の場合、このような脆弱な監視体制で、その上、罰則規定もない。働き方改革の推進について、民間企業よりも難しい要素をはらんでいる。

　実効性のある施策を進めるにはどうすればよいか。問題解決の手

法としてまず行われるべきは、問題の原因の探求である。長時間残業を是正するためには、その発生の原因をしっかりと突き止めることが何より必要である。現状を十分に把握することをせず、他団体の目新しい施策を導入したり、コンサルタントの勧める施策を導入しても実効性に乏しく、結局は一時的なブームに終わることも多い。それぞれの自治体及び職場の実態にあった取り組みが必要とされている。

　実は**図表1−9、1−10**で見たような取り組みは、根本的なところにメスを入れているわけではない。地方公務員の給与は残業をすればするほど多くもらえる。能率的に働いて勤務時間内に終えることができれば所定内給与しか支給されない。そのことを計算しない職員ばかりではないだろう。仕事を手際よく済ませて定時に帰宅する能力のある職員よりも、能力に劣り仕事に時間がかかってしまって残業時間の多い職員の方が、ずっと高い給与をもらうという点に根本的な問題がある。給与体系の問題、能力主義が徹底していない問題など様々な要素がその背景にある。

　「仕事が終わらなければ、残業すれば何とかなる」という安易な残業依存体質を放置させていれば、仕事管理・課業管理・時間管理が安きに流れてしまう。そのような意識を変え、短時間で集中して業務を終える目標を立てるように仕向ける必要がある。そのために必要な手段は何か。**図表1−9、1−10**でもその手段があげられ、それに取り組んでいる様子も見られる。しかしながら、それらのうちには実効性を持たないものもある。

　上司が「残業をプラスに評価している」と部下が考えていれば、掛け声や看板はどうであろうとも、当該職員にとっては、残業する誘因だけが残る。上司が残業している職員に対してどのようなイメージを持っているかが重要なポイントとなる。

　図表1－11は、内閣府による調査である。ここでは部下は上司が残業に対してどのように見ていると考えているかを調べている。上司は残業する人を「仕事が遅い人」「残業代を稼ぎたい人」というネガティブイメージで考えるよりも、「頑張っている人」「責任感が強い人」というポジティブなイメージで捉えていると（部下が）考えることの方が多い。つまり、部下にとっては、上司からより高く評価されると考えて残業していると推測できる。長時間残業削減のためにはこの点を断ち切る必要がある。残業をする部下に対しては、上司がネガティブに評価するとともに、そのように評価してい

図表1－11　一日の労働時間別「上司が抱いている残業をしている人のイメージ」（想定）（複数回答）【母数：正社員】

	頑張っている人	責任感が強い人	仕事ができる人	評価される人	期待されている人	仕事が遅い人	残業代を稼ぎたい人	仕事以外にやることがない人
10時間未満 (n=1631)	38.4	30.4	7.1	7.0	6.1	37.1	24.2	11.2
12時間未満 (n=630)	47.8	34.1	10.3	7.0	6.7	34.3	20.0	9.2
12時間以上 (n=276)	52.5	38.8	12.3	8.0	8.3	26.1	21.0	12.3

Q　「残業をしている人」に対してどのようなイメージを持っていますか。上司の方について、それぞれあてはまるものを全てお答え下さい。上司の方は、「おそらくそう思っているだろう」という想定をお答えください。※「上司」は、ご自身の所属する一番小さなグループの上司としてお考えください。

資料出所：内閣府『ワーク・ライフ・バランスに関する個人・企業調査』結果（2014年公表）
http://wwwa.cao.go.jp/wlb/research/wlb_h2511/3_kouhyou.pdf

ることを部下に伝える必要がある。

　民間企業では、職場風土の改革として、①営業社員の表彰をする際の評価基準として、「売上高」を「**実労働時間当たりの**売上高」へと変更したり、②事業所の賞与配分基準で、「社員一人当たり利益」を削減し、「社員一人**時間当たり**利益」の比重を増やしたり、③残業代の削減分を目標達成時のインセンティブとして社員にすべて還元したりしている例もあるという。

　自治体においても、「時間管理」を人事評価の評価項目、自治体の求める職員像の中に、きっちりと示すことが必要である。短時間で業務をしっかりと遂行できるということが、働きぶりの評価基準として示されている必要がある。これは人事評価の基準にもいえることである。

8　ポリシー・ミックス

　自治体が行う政策・施策は様々な手段の組み合わせで行われる。環境政策については、汚染物質の排出規制等の規制手段のほかに、環境に優しい技術の開発への補助金や融資がある。逆に環境への負荷をかける事業に対する課税措置などの手段もある。住民に対して環境保護の重要性の意識付けをするためのPR活動などの地道な啓発手段もあるだろう。

　一自治体で考えた場合でも、例えば、ゴミの排出量を抑えたいという政策目的があった場合、その達成手段として、分別収集の徹底、リサイクルに対する意識啓発の推進、自治会・町内会単位での資源ごみ収集への補助金支給など、様々な政策手段の組み合わせ（ポリシー・ミックス）で目的が達成される。

　人事システムも同じである。定員管理は組織管理担当セクションで、人事評価は人事課の〇〇係で、給与は給与課で、研修は研修センターで、職場研修は各所属長に丸投げで、というバラバラな施策では効果が上がらない。自治体現場で抱える課題は相互につながっている。

　メンタルヘルス上の不調を抱える職員がいた場合、早期に対処しないと深刻化して休職に入ってしまう。メンタルヘルス不調による休職は、他の病気による休職に比べて上司や職場の負担が極めて大きい。復職支援プログラムをどうするかまで視野に入れた職場体制の抜本的見直しが必要になることも少なくない。周囲の職員に多くのしわ寄せがいって過重労働を招き、場合によってはそれが原因で周囲の職員が退職に至る場合もある。さらに、そのことが原因で他の職員にしわ寄せがいくといった、Vicious Cycle（悪循環）に陥ってしまう。1つのことが悪くなると、ドミノ倒しのように他に影響を与えていってしまう。

　また、ある制度の変更が他の制度に逆機能をもたらす場合もある。例えば、優秀な人材を採用しようとして、初任給を8号給上げれば、在職する職員との調整が困難になる。優秀な若手人財を抜擢して30歳の課長を誕生させれば、追い越された他の職員のモチベーションダウンは免れない。逆に、極めて優秀な若手人財は、他の平凡な同期採用者とずっと平等に扱い続けられることを疑問視する。彼らの評価をしっかり行ってその力を認め、何らかの見返りを与えるのでなければ、仕事へのコミットメントを低下させたり、離職を招いたりしてしまう。

　このように、様々な課題は相互に連関している。その場しのぎの応急措置を繰り返しても、効果は上がらない。やはり、人事政策全

体を見渡して、また、組織の仕事の進め方も見渡して、トータルな
システムとして考える必要がある。そして、それをどのように変革
していくかを、現場と人事担当者が一体となって、組織全体として
考えていく必要がある。人事制度は人事担当だけが当事者ではなく、
すべての職員が当事者だ。とりわけ現場のマネジャーは極めて重要
な当事者である。現場からの発信は重要だ。

　諸課題は密接に連関しており、それらをトータルなシステムとし
て考える必要がある。また、各職場においても、それぞれをトータ
ルなシステムの中に位置付けた上で、実践していく必要がある。

〈注〉
⑴　RPA：人間がPC上で行うキーボード入力、マウス操作、コピー＆ペース
　　トなどの単純作業を自動化する技術。
⑵　なお、2019年度実態調査結果によると、全体の平均時間外勤務時間は、
　　11.9時間／月、142.3時間／年となっており、若干減少している。
⑶　（独）労働政策研究・研修機構「第2回日本人の就業実態に関する総合調査」
　　https://www.jil.go.jp/kokunai/reports/report007.html

第 **2** 章

現場の悩みから
問題点を分析する

第2章では、職員の採用、配置、異動、育成、能力開発、人事評価、昇任などのあり方から自治体DXの推進など今日的な動向に至るまで、現場の悩みをもとに自治体人事の問題点を分析する。

1 [採用・配置] 採用試験は今のままでよいのか

> **職員A** 「今年配属された新人さんはどう?」
>
> **職員B** 「それが法律もろくに読んだことがないって言うんだ。仕事にならなくてホントに困ってるんだよ……」
>
> **職員A** 「うちの新人は試用期間が過ぎたら急に具合が悪いと言い始めて、病気休職に入ってしまったよ。それまではすこぶる元気だったのに……」

　近年、民間企業の積極的な採用活動の影響で、自治体の採用試験の受験者数は減少傾向にある（**図表2−1**）。そこで、就活生が民間企業に流れないように、教養試験や専門試験の廃止、SPIなど主に民間向けの適性試験の導入といった見直しを行い、従来型の公務員試験対策が不要であることを大々的にアピールする自治体が登場してきた。

　その背景には、「受験者数が増えれば、そこに含まれる良い人材も増えるはず」との考えがある。しかし、単に受験時の負担を軽減して受験者数を増やしても、そこに優秀な人材が多く含まれるとは限らない。それどころか、民間と併願しやすくしたことで、「公務員は勤務条件も悪くないし、受かればラッキーだから取りあえず受けてみるか」というような不純な動機の者を呼び込むリスクも高まる。

　このような新しいタイプの採用試験では、従来型のペーパーテストを廃した代わりに、グループワーク、プレゼンテーション、そして面接などが重視される。特に面接では、受験者の本質や適性を的確に把握する必要があるが、果たしてどの程度見抜くことができているのか疑問が残るところである。

　また、専門試験を廃止するということは、採用時に法律の知識を問わないということでもある。したがって、新人が法律の知識をまったく持ち合わせていないのも当然のことであり、逆に新人からすれば、配属先でいきなり法律の知識を問われても困るだけであろう。

　つまり、自治体が求める職員像と受験者が求める職員像との間に乖離が生じていることが問題なのである。自治体としては、どのような人材がほしいのか、採用後はどのような環境でどのような業務に従事するのか、などを明確に示し、受験者が思い描く職員像との間にミスマッチが生じないように努めるとともに、求める職員像に適合しない受験者をうまく見つけ出せるよう工夫を凝らすことが求められる。

図表2−1　自治体の採用試験の受験者数及び競争率の推移

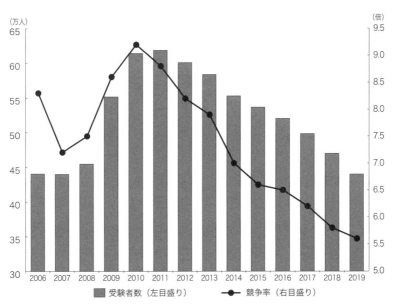

資料出所：総務省「地方公共団体の勤務条件等に関する調査結果」（各年度）をもとに筆者作成

2 ［人事評価］人事評価はうまく機能しているのか

> **課長Ａ** 「そろそろ人事評価の季節か。部下を評価するのは難しいんだよなあ……」
>
> **課長Ｂ** 「面談も実施しなければならないし、手間が掛かって面倒だよな。やらなきゃいけないから仕方ないんだけど、ホント余計な仕事が増えたよな」
>
> ・・
>
> **課員Ｃ** 「人事評価ってちゃんと評価されているのかな。何を基準に評価しているんだろう」
>
> **課員Ｄ** 「どうせたいした差はつかないよ。年度初めに目標を書かされたけど、適当でいいよと言われたし、面談も１回しかやってないし……」

　2014年の地方公務員法改正により、新たな人事評価制度の導入による能力及び実績に基づく人事管理が徹底されることになった。

　新たな人事評価制度とは、任用、給与、分限その他の人事管理の基礎とするために、職員がその職務を遂行するにあたり発揮した能力及び上げた業績を把握した上で行われる勤務成績の評価をいう。つまり、能力評価と業績評価の二本立てである。

　能力評価は、職員の職務上の行動等を通じて顕在化した能力を把握して評価され、業績評価は、職員が果たすべき職務をどの程度達成したかを把握して評価される。この制度は2016年4月に施行され、2017年度から評価結果を昇給、勤勉手当、昇任・昇格及び分限に本格的に活用するようになった。

　2020年4月1日現在、新たな人事評価はほぼすべての自治体で実施されており、わずかに残っていた未実施の自治体も2021年度末まで

には実施される見込みになっている。その一方で、評価結果の昇給、勤勉手当、昇任・昇格及び分限への反映は、市区町村、特に小規模な団体では必ずしも順調に進んでいない状況にある（**図表2−2**）。

　人事評価を活用する場合、評価される側が納得できる評価基準がなければ、評価結果を信頼できず、処遇に対する不公平感を抱くことになる。また、評価の際の面談もなく（または少なく）、評価結果のフィードバックもなければ、評価のブラックボックス化が進み、評価への不信感を抱かせることにもつながる。

　人事評価の実効性を確保する上で最も大切なのは、評価する側の上司が評価される側の部下に対し、「何のために、何を、どのような基準で評価するのか」を明確に示すことである。

　しかし、そもそも職員の能力育成、有効活用など人事評価の効用をよく理解していない上司が、面倒くさがっておざなりな対応に終始してしまうことも少なくない。まずは上司が人事評価の意味をよく理解した上で、部下にきちんと説明できているかどうかを振り返ってみることが求められよう。

図表2−2　人事評価結果の活用状況（2020年4月1日現在）

【調査団体数：都道府県（47団体）、指定都市（20団体）、市区町村（1,721団体）、計1,788団体】

	昇給		勤勉手当		昇任・資格		分限
	管理職員	一般職員	管理職員	一般職員	管理職員	一般職員	
都道府県	47 (100.0%)	47 (100.0%)	47 (100.0%)	47 (100.0%)	45 (95.7)	45 (95.7)	44 (93.6%)
指定都市	20 (100.0%)	20 (100.0%)	20 (100.0%)	20 (100.0%)	20 (100.0%)	20 (100.0%)	19 (95.0%)
市区町村	997 (57.9%)	959 (55.7%)	1,131 (65.7%)	1,037 (60.3%)	1,127 (65.5%)	1,120 (65.1%)	1,066 (61.9%)
合計	1,064 (59.5%)	1,026 (57.4%)	1,198 (67.0%)	1,104 (61.7%)	1,192 (66.7%)	1,185 (66.3%)	1,129 (63.1%)

資料出所：総務省「人事評価結果の活用状況等調査結果のポイント（令和2年4月1日現在）」

3 [異動・昇任] 異動パターンは今のままでよいのか

> 職員Ａ 「これまで商工、福祉、企画ときて、今度は土木部に異動
> だよ。またイチから仕事を覚えなくっちゃ……」
> 職員Ｂ 「俺なんて前回の異動でやっと財政から出られたと思ったら、
> また出戻りで財政だとさ。本当は企画に行きたいんだけどね……」

　人事異動はなぜ行われなければならないのだろうか。自治体の視点から見た役割としては、一般に「組織の活性化」、「適材適所の配置による組織力の向上」、「人的交流によるネットワーク財産の蓄積」、「部門間セクショナリズムの打破」、「長期同一職場在籍による不正の防止」などがあげられる。また、職員の視点からすると、「適性の発見」、「能力開発」、「マンネリズムの打破」、「過度の専門化の防止」などの役割があるとされる[1]。

　自治体職員（特に事務職）の異動パターンは、短いスパンで様々な部署への異動を繰り返すジェネラリスト型が一般的である。しかし、1つの職場の在籍期間が短いジェネラリスト型の異動パターンでは、特定の分野の専門性を高めることは難しい。近年は住民ニーズの深化・複雑化が進み、自治体職員にもこれまで以上に高度な専門的知識が必要とされるようになってきたため、ジェネラリスト型の異動パターンに対し、疑問の眼差しが向けられるようになってきている。

　しかし、似たような分野の職場ばかりを異動するスペシャリスト型の人事異動にすれば、専門性は確保できるものの、それ以外の分野のことがわからなくなってしまう。専門家が必要なのは当然であるが、問題構造が複雑で複数の政策分野にまたがることも珍しくない現代の政策課題への対応は専門家だけでは難しく、また、特定分

野の専門家の場合、充てることのできる管理職ポストも限られるため、幹部人事の停滞にもつながる。そこで、全員の異動パターンをジェネラリスト型にするのではなく、途中からスペシャリスト型の異動パターンを希望する者にはスペシャリスト型を適用することにより、人事の複線化を行う自治体も出てきている。

また、職員本人にとっても、どうせなら自分のやりたい仕事に従事したいと思うのは当然であろう。しかし、異動の決定権は多くの場合、自治体側にあり、職員一人ひとりが自らのキャリアパスを考え、実現していくような仕組みにはなっていない。

人事異動はその役割からも明らかなように、本来、職員個人の能力の開発・活用と意欲の向上を図り、同時に組織力の向上を図ろうとするものである。しかし多くの場合、職員に異動の意図が伝わっていないため、命令されるまま異動し、やらされ感を抱えながら仕事をこなすことになってしまう。

職員の能力開発には、①採用から10年程度までの能力育成期、②採用から10～20年程度の能力拡充期、③採用から20年以降の能力発揮期、の3つのフェーズがあるとされる。①は職員の適性を見極めるため、短いスパンで異なる業務分野への配属を繰り返す。②は能力育成期に見極めた適性を拡充するため、その期間に経験した職場を再び経験することもある。③は②までの期間に培った能力を遺憾なく発揮してもらうため、過去に携わった業務分野を中心に人事異動が行われる[2]。

職員の納得を得るためには、自治体としてどのような考えの下にどのような異動パターンを基本とするのかを理解させた上で、当該職員に係る異動の意図等についても面談等の機会に知らせるなどの対応が求められる。

4 [異動・昇任] 昇任したがらない職員が多い

> **課長Ａ** 「Ｂさん、そろそろ管理職試験を受ける方があなたの将来の
> ためになると思うんだが、受験しないのかね？」
> **職員Ｂ** 「いや～、管理職になる魅力をあまり感じないんですよね。
> このままじゃダメですか？」

　近年、昇任を希望しない職員が増加している。職員を昇任させる
にあたり、昇任試験を用いる自治体とそうでない自治体があるが、
いずれにも同様の傾向が見られる。

　例えば、東京23区の職員の昇任試験（管理職・係長職選考）の
受験率も近年低下傾向にある。2010年度に特別区人事委員会が実
施したアンケート調査によれば、昇任意欲の低い者が昇任試験を受
験しない理由として、「責任が重くなり、職責を全うできるか不安
があるから」、「係長職（管理職）の仕事に魅力が感じられないから」、
「仕事に拘束され、プライベート面への影響が大きいから」が上位
を占めた。

　2005年度に東京都が実施した職員アンケートにおいても、同様
の結果が見られる（**図表２－３**）。昇任にはあまりこだわらず、昇
任したとしてもワーク・ライフ・バランスの取れる程度の昇任しか
望まない者が多数を占める。

　『官僚制の解剖』で知られるアンソニー・ダウンズは、官僚は「公
共の利益」の増進のためではなく、自己利益の最大化のために行動
すると考えた。自己利益としては、①権力、②金銭の収入、③威信、
④便宜、⑤安全（①から④の喪失可能性の少ないこと）、⑥個人的
忠誠（組織等に対するもの）、⑦熟練した作業遂行に対する自負心、

⑧公共の利益に奉仕したいという希望、⑨特定施策に対する信奉、があげられる。

近年、自治体を取り巻く環境の大きな変化や公務員バッシングの風潮などを受け、給与の抑制、退職金の削減、天下りの見直しなどが進められ、また、公務員の威信も失われるなど、①～⑥は大きく損なわれている。

前出の東京都職員アンケートには、キャリアに対する考え方についての設問もあるが、そこでは「専門性を磨きたい」、「働きやすい職場環境で仕事をしたい」といった回答が上位を占めている。これを踏まえれば、昇任意欲の向上には、人事（昇任パターン）の複線化や管理職の負担軽減なども有効と考えられよう。

滋賀県大津市では、職務給の厳格化を図った結果、昇任に対するインセンティブが高まり、管理職試験の受験率が増加傾向にあるという[3]。昇任意欲の向上には、給与制度の見直しも有効なようである。

いずれにしても、昇任意欲の低い職員ばかりでは、組織の維持は覚束ず、必ず疲弊していく。管理職をいかに魅力的なものとし、職員の昇任意欲を引き出していくか、各自治体が真剣に検討する時期に来ているといえよう。

図表2－3　東京都職員の昇任に対する考え方（2005年度）

選択肢		回答数	割合
1	できる限り昇任したい	709	10.4%
2	生活と調和の取れる範囲で昇任したい	2,662	39.1%
3	昇任にはこだわらない	2,181	32.0%
4	特に考えていない	1,055	15.5%
5	無回答	206	3.0%
総　　計		6,813	100.0%

資料出所：東京都「東京都職員人材育成基本方針（平成18年3月）」

5 ［異動・昇任］女性職員の登用が進まない

> **市長Ａ** 「女性活躍を掲げて当選した以上、女性部長が１人くらい
> いないと格好がつかないな。誰かいい人はいないのか」
> **職員Ｂ** 「引き上げたいのはやまやまなんですが、女性のトップラ
> ンナーがまだ課長補佐なので、いきなり部長には……」

　内閣府の調査によれば、課長相当職以上に占める女性の割合は、以前に比べてだいぶ伸びてきたものの、2019年現在で都道府県10.3%、政令指定都市14.8%、市区町村15.3%にとどまっている。

　女性管理職を増やそうと思ってもすぐにできるものではない。例えば都道府県採用者（大卒程度）に占める女性の割合は、2018年には32.7%にまで上昇している（**図表２－４**）。彼女たちが管理職適齢期になる頃には、管理職に占める女性割合もそれに近いくらいまで高くなることが予想される。

　しかし、幹部候補として採用された女性が時間さえ経ればみな順調に管理職になれるとは限らない。女性の昇進を阻害する要因を女性職員の経験談等から整理すると、次の①〜⑤に分類できる[4]。

① 職務経験の不足

　体力的な心配や家庭生活への配慮から、管理職に必要な調整能力や俯瞰的視点を涵養しやすい枢要部門への配置を回避すること。

② 研修機会の不足

　育児休業等により職場を長く離れることがあるため、研修機会の付与が男性優先になりがちなこと。

③ 出産・育児によるキャリアの中断

　肉体的な負担や時間的な制約を考慮し、子育て期には業務量の多

い仕事や突発的な業務が発生しやすい仕事には従事しにくいこと。

④ 男性職員の固定観念

上司の「育休明けは簡単な仕事の方が良い」というような思い込みや勘違いにより、女性が男性と同じように処遇されないこと。

⑤ 昇進意欲の欠如

管理職に向けた育成が十分でなく、知識・経験不足を心配して尻込みしたり、諦めの気持ちが生じたりすること。

女性職員の登用には、これらをいかにして解決するかが重要になる。今後、自治体でも労働力の確保が困難になると言われており、有能な女性の活用が自治体人事の一つの鍵となろう。

図表2-4 地方公務員採用者に占める女性の割合の推移

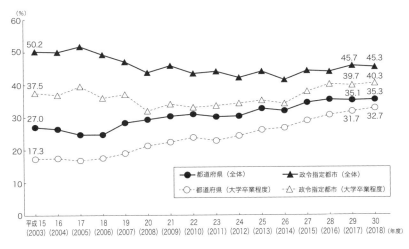

（備考）1. 内閣府「地方公共団体における男女共同参画社会の形成又は女性に関する施策の推進状況」より作成。
　　　　2. 採用期間は、各年4月1日から翌年3月31日。

資料出所：内閣府「令和2年版男女共同参画白書」

6 [人材育成・能力開発] 研修に行かせられない／行かせてもらえない

> **課長A** 「今年うちの課に配属されたCさんに仕事を覚えてもらうため研修を受けさせたいのだが、1週間ほど東京に行かせても大丈夫かね？」
>
> **係長B** 「1週間もいないのは困りますねぇ。職員が減らされてギリギリで回しているので、窓口対応が追いつきませんよ」

　地方公務員法第39条には、「職員には、その勤務能率の発揮及び増進のために、研修を受ける機会が与えられなければならない」（第1項）と定められ、その研修は「任命権者が行うもの」（第2項）とされている。

　近年、自治体の職員数は限界まで削減されている。その一方で、自治体が担うべき業務は増え続け、職員一人当たりの業務量は激増している。その結果、研修に行きたくても多忙すぎてその時間を捻出することが難しいという状況がしばしば見受けられる。

　複雑化・多様化する住民ニーズに的確に対応しつつ、効率的な行政運営を図るためには、それに携わる職員一人ひとりの資質の向上が不可欠である。特に必要最小限の職員数でやりくりせざるを得ない現在の状況においては、個々の職員が最大限のパフォーマンスを発揮できるようになることが強く求められ、研修の必要性がこれまで以上に高まっている。

　研修には、職務の遂行を通じて知識、技能等を習得していくOJT（オン・ザ・ジョブ・トレーニング）と、研修機関等において専門家等による研修に専念するOff-JT（オフ・ザ・ジョブ・トレーニン

グ）がある。

このうちOJTは近年壊滅に近い状態にある（**本章7参照**）。上司・先輩が忙しすぎて自分の仕事をこなすのに精一杯となってしまい、部下・後輩に教えるまで手が回っていないのである。また、Off-JTについては、人員不足の中で職場を離れなければならないことがネックとなり、受講が義務付けられている階層別研修（新規採用者研修、係長研修など）にはどうにか行かせてもらえるが、それ以外の研修については参加が難しくなっていると言われている。特に職員数が少なく、各係に係員が1人だけで、それも複数の業務を担当しているような小規模自治体においては、その1人が抜けると係の業務が回らなくなってしまうため、職場を空けることができてもせいぜい1〜2日程度だという。中には、新たに税務課に配属された職員が、税務の基礎を学ぶ研修にも参加できず、見よう見まねで課税事務を行うという、笑うに笑えない話も聞こえてくる。

2020年以降、日本は新型コロナウイルスの影響を大きく受けた。自治体も例外ではなく、テレワークの導入なども進められている。研修についても、これまで当たり前のように研修所に集まって集合研修を受けていたのが、オンラインでの受講に変わった。オンライン研修には移動時間の節約というメリットがある。職場を留守にする時間が短くなり、本来の業務への影響を減らすことが可能となる。特に地方の自治体にとっては、東京など大都市で開催される専門的な研修に参加しやすくなることが見込まれる。実際、広大な米国では州政府や郡政府が実施する研修にオンライン研修が導入されているところも少なくない。また、同じオンライン研修でもライブ型ではなく、好きなときに動画を視聴するオンデマンド型であれば、業務を適宜調整して受講することも可能であろう。

7 [人材育成・能力開発] OJTが崩壊し、ノウハウが継承されない

> **新人A** 「仕事の進め方がよくわからないんだけど、誰に聞けばいいのかな……」
>
> **新人B** 「僕も困っているんだけど、先輩たちはみんな忙しそうだし……取りあえず昨年度の資料と同じようにやってみるか」

OJTは、職場の上司・先輩が、職務を遂行しながら助言・指導を行うことで、部下・後輩に知識や技能を計画的に伝える人材育成の手法である。職務に関する知識・技能は、集合研修などの座学ではなく、実際に仕事を経験しながらでないと学べないことが多い。個人の成長は、7割が仕事の経験から、2割が上司や先輩からの助言等によってなされるとの研究もあり、OJTは人材育成に大変有効な手法と考えられている[5]。

OJTはあくまで「計画的」に実施されなければならず、必要に応じてその都度教えるのはOJTとは言わない。育成計画の作成（Plan）→業務の遂行と助言（Do）→内省支援（See）のサイクルを意識しながら継続的に行う必要がある。

しかし、**本章6**で述べたとおり、OJTは近年壊滅に近い状態にある。上司・先輩が忙しすぎて自分の仕事をこなすのに精一杯となってしまい、部下・後輩に計画的に教えるまで手が回っていないのだ。

かつてのOJTは、担当者に指名された上司・先輩がマンツーマンで部下・後輩に教える「マンツーマン型」であった。しかし近年は、OJT担当者の多忙な状況を踏まえ、担当者1人に任せるのではなく、周囲の協力を得ながら複数で指導する「ネットワーク型」が有

効であるとされている。

　また、従来は一方的に教える「導管型」であったが、変化の激しい現在においては、もはや「何が正解かわからない」ことも多く、このやり方では対応できなくなってきている。そこで近年注目されているのが「対話型」、つまり、上司・先輩と部下・後輩が一緒に対話をしながらともに答えを探していく手法が展開されるようになってきている。これには、対話を通して、新たな発想やアイディアのヒントが得られること、納得度の高い解を得られること、などの利点があるとされる[6]。

　人材育成理論によれば、人の成長は「経験軸」と「ピープル軸」の2軸で説明される。ストレッチ経験（背伸びが必要な挑戦の経験）が多く、職場メンバーの関わりが多いほど、その職場は成長環境にあるとされる（**図表2−5**の右上の象限）。OJTを進める際には、このような環境を作ることを心がける必要がある。

図表2−5　職場の4タイプ

資料出所：中原淳『フィードバック入門』（PHP研究所、2017年）

8 ［人材育成・能力開発］意欲の低い職員が多い

> **課員A**　「最近の若い人はあまりやる気がないのかな。やりたい仕
> 事を聞いても、『別に……』というような感じなんだよね」
> **課員B**　「そうそう。他者と積極的に交わらない傾向もあるから、
> チームワークが良くて盛り上がるなんてこともあまりないんだよ
> ね……」

　1980年代半ば以降に生まれた世代を「さとり世代」と称することがある。この世代は、物心ついたときには日本経済は長い停滞期に入っており、バブル期のような好況を知ることなく育ってきた。また、インターネットが普及して多くの情報に触れる中で、現実的な判断がしやすくなり、長引く不況もあいまって将来を達観するようになった。その結果、堅実で高望みをせず、無駄な努力などもしないで合理的に行動するようになったとされる。もちろんこの世代の全員がそのような傾向にあるわけではなく、また、達観しているだけでやる気がないわけでもないが、そのような若手が多く感じられるのは、多くの管理職に共通する意見のようである。

　近年、人事分野で「エンゲージメント」という言葉をしばしば耳にするようになった。勤務先に対する愛着心や思い入れのことであるが、それにとどまらず、従業員と企業が一体となってお互いに成長・貢献し合う関係までを指すものと解されている。

　約5,000社の民間企業を対象とするアンケート調査によれば、エンゲージメントが高まると、「組織の活性化」、「社員のモチベーションの向上」、「業績の向上」、「離職率の低下（定着率の向上）」などの効果が得られるという（**図表2－6**）。

　では、従業員のエンゲージメントを高めるにはどうすればよいのか。海外の研究によると、1人ではなくチームの一員として仕事をし、他の従業員と毎日顔を合わせ、助け合ったり気軽に話したりすることがエンゲージメントを高めるという[7]。特に、メンバーがリーダーを強く信頼していること、リーダーがメンバーの長所を理解し、それを発揮できる仕事を与えていること、リーダーが目配りを欠かさず、対話の場を頻繁に設けていること、などがエンゲージメントを高めるとされる。また、興味深いことに、メンバー同士を馴染ませ、チームのサポートを実感できるようにすれば、職場勤務でも在宅勤務でもエンゲージメント効果は変わらないという。

　自治体でも管理職がこのようなことに留意しつつ、若手のチームに仕事を任せ、それを成し遂げるような成功体験を与えてみてはどうだろうか。

図表2-6　エンゲージメントが高まったことで得られた効果

項目	(%)
組織の活性化	55.5
社員のモチベーションの向上	43.8
業績の向上	39.8
離職率の低下（定着率の向上）	37.5
組織内での情報共有の強化	31.3
人材の育成	25.0
個人の生産性向上	24.2
社員の幸福感の向上	22.7
チームビルディングの構築・推進	19.5
メンタルヘルスの改善	14.8
キャリア自律の促進	14.1

資料出所：日本の人事部『日本の人事部 人事白書2019』（2019年）から一部抜粋

9 [人材育成・能力開発] 若手がすぐ辞めてしまう

> **新人A** 「入ってみたら思っていたのとなんか違うんだよね。あー、
> もう辞めようかな」
> **新人B** 「せっかく試験に受かって入ったのに辞めるのはもったい
> ない。仕事なんてどこでも同じなんだから、適当にやってればい
> いんじゃないの？」

　総務省の「令和元年度地方公務員の退職状況等調査」によれば、一般行政職の地方公務員のうち、2019年度中に退職した30歳未満の者は3,318人（うち25歳未満の者は997人）であった。「平成31年地方公務員給与実態調査」によれば2019年4月1日現在の30歳未満の者の総数は161,841人であることから、30歳未満の離職率は約2.1%になる。

　民間企業におけるこの年代の離職率が20～30%前後（厚生労働省「雇用動向調査」）であることと比べると、大きな差があるものの、近年、この年代の地方公務員の離職率は少しずつ増加している（**図表2-7**）。

図表2-7　30歳未満の地方公務員の離職状況（一般行政職）

（単位：人）

年度	2013	2014	2015	2016	2017	2018	2019
職員数	122,936	130,978	140,942	150,305	156,927	160,131	161,841
退職者数	1,564	1,836	2,059	2,179	2,981	2,931	3,318
離職率	1.27%	1.40%	1.46%	1.45%	1.90%	1.83%	2.05%

資料出所：総務省「地方公務員給与実態調査」（各年版）及び「地方公務員の退職状況等調査」
（各年版）のデータをもとに筆者作成

　自治体職員は、民間に比べればその身分が安定しており、給与や福利厚生などの勤務条件も悪くはない。加えてそれなりに難しいとされる採用試験を突破して採用されており、少なくとも一応は希望して入庁（所）しているはずなのに、数年で離職するのは、「実際に入ってみたら、期待していたのとは違った」という採用時のミスマッチの問題が大きい。

　自治体は応募者の選考のため、応募者は自治体を含む就職先の選択のため、それぞれ互いの正確な情報を必要としているにもかかわらず、両者とも自らを売り込もう、良く思ってもらおうという意図が働き、都合の良い情報だけを提供する傾向があり、それがミスマッチを引き起こすとされる。

　自治体と応募者のマッチングが的確になされるためには、双方が良い情報もそうでない情報も積極的に開示し合い、いわゆる情報の非対称性を解消することが求められる。自治体は業務内容や労働環境などを、応募者は自身の能力や公務に対する考え方などを包み隠さず明らかにし、互いに十分な情報の下で的確な判断ができるようにする必要がある。このように、職場や仕事の実態について、良い面も悪い面も含めてリアリズムに徹した情報提供を行うことを「リアリスティック・ジョブ・プレビュー（RJP）」という。

　自治体の中には、都合の悪い情報を提供すると印象が悪くなるのではないかと危惧するところもあるだろう。しかし、正直に情報を開示することで誠実な印象を与えるという効果もある。これがひいては当該自治体に対する愛着や帰属意識を高めることにもつながる。また、過剰な期待を持たせないことで入職後の失望・幻滅感を和らげる効果も期待できることから、職場への定着を促進し、早期離職を防止することにもつながるのである[8]。

10 [人材育成・能力開発] ハラスメントによる メンタル不調が増えている

> **職員A** 「Cさん、最近休んでいるけど大丈夫かな？」
>
> **職員B** 「精神的な問題でしばらく休むって連絡があったんだ。本人は課長のパワハラが原因と言っているらしいよ」

　第1章でも触れたとおり、メンタルヘルス上の不調による長期病休者が自治体でも近年急増している。民間企業を対象とする調査によると、現在の仕事や職業生活に関することで、強いストレスとなっていると感じる事柄がある労働者は58.0％に上り、その原因は、「仕事の質・量」、「仕事の失敗、責任の発生等」に次いで、「対人関係（セクハラ・パワハラを含む。）」があげられている（**図表2－8**）。

図表2－8　仕事や職業生活における強いストレスの原因　（主なもの３つ以内）

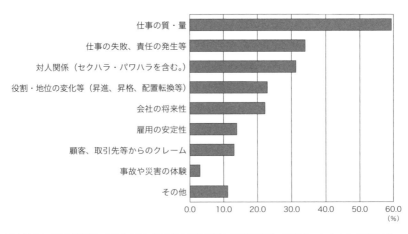

資料出所：厚生労働省「平成30年労働安全衛生調査（実態調査）の概況」をもとに筆者作成

　ハラスメントとは、様々な場面における嫌がらせ、いじめ、迷惑行為などを指す。相手を不快にし、尊厳を傷つけ、脅威を与え、または不利益を被らせるなどの言動がこれに当たり、加害者本人が自覚的に行っているかどうかはまったく関係ない。

　ハラスメントにはセクハラ、パワハラ、マタハラなど様々な種類が存在する。このうち、パワハラ（パワー・ハラスメント）は、職務に関する優越的な関係を背景として行われる、業務上必要かつ相当な範囲を超える言動であって、職員に精神的もしくは身体的な苦痛を与え、職員の人格もしくは尊厳を害し、または職員の勤務環境を害することとなるようなものをいう。例えば、暴力・傷害、暴言、名誉毀損・侮辱、執拗な非難、威圧的な行為、実現不可能・無駄な業務の強要、仕事を与えない・隔離・仲間外し・無視、個の侵害などが当てはまる。なお、業務上必要な知識や経験を持ち、その協力を得なければ業務を遂行することができない場合は、部下や同僚であっても職務に関する優越的な関係とみなされる。

　ハラスメントは職員や職場に大きな影響を及ぼす。職員の名誉、プライバシーなど個人の尊厳を害し、職務の能率を低下させるだけでなく、精神や身体の健康を害し、退職にまで至ることもある。また、職場の人間関係を悪化させ、士気を低下させ、秩序を乱し、公務の信頼性の失墜にもつながる。このように、ハラスメントは人権の侵害だけでなく、能力発揮の障害となって職員個人と公務職場の両方に大きな被害を与えることになる行為であり、決して許容されるべきものではない。ハラスメントに関する正しい知識を持ち、無意識であっても決して加害者となることのないよう日頃の言動に十分な注意を払う必要がある。

11 [人材育成・能力開発] 副業・兼業を希望する職員にどう対応すべきか

> **部下A** 「地域おこしをやりたいので、NPOを立ち上げようと思っています。役員になると何か問題はあるでしょうか?」
>
> **上司B** 「そんな余裕があるなら、うちの仕事を一生懸命やってくれよ。まったく自分の仕事も満足にできていないくせに……」

　働き方改革の一環として副業・兼業的な働き方の導入が促進される中、自治体においても職員の副業・兼業を後押しする動きが見られるようになった。兵庫県神戸市や奈良県生駒市などが、職員が地域貢献活動等に係る副業・兼業に従事することを明確に認めたのは記憶に新しい。

　地方公務員法には職務専念義務や営利企業等への従事制限が規定されているが、任命権者の許可があれば勤務時間外の副業・兼業は可能であり、公益性が高い業務で、営利目的でなければ許可が下りることも多い。しかし、その判断基準が任命権者によってまちまちであり、ある自治体では認められても、別の自治体では認められないという例も少なくない。そのため、自治体によっては職員が「君子危うきに近寄らず」の発想で、許可が下りそうな事案であっても副業・兼業を忌避する傾向が見られる。

　地域社会の運営にあたっては、自治会・町内会などの地縁組織が多くを担ってきたが、近年その担い手が減少してきたことを受け、新たな地域活動の担い手として自治体職員に熱い視線が注がれている。そういう意味で副業・兼業が促進されている側面は否めないが、役所以外の組織で働くことは職員の能力開発にもつながる。

　社会学者のグラノヴェッターによれば、頻繁に会っている人が持

つ情報は類似したものになりがちであるが、たまに会う人からは目新しい情報を入手できる可能性が高いという。同じく社会学者のバートによれば、互いに結びついていない者同士の間に存在する隙間を「構造的空隙」と呼び、その空隙をより多く結ぶ者はそうでない者に比べて革新的なアイディアを生み出しやすい傾向があるとされる。つまり、自治体組織外における副業・兼業は、組織外のつながりを広げ、普段入手できない知識や情報の入手に役立ち、新たな政策アイディアを生み出すきっかけにもなり得ると考えられる。

　所属する組織の枠を自発的に飛び越え、自身の職場以外に学びの場を求めることを「越境学習」という。副業・兼業には、副次的かもしれないが越境学習と同じような効果が見込まれる。加えて、自主的な活動であることから、自治体が育成コストを負担せずに済むメリットもある。

　また、自治体は幅広い業務を所管しており、必ずしも自身の望む業務に従事できるとは限らない。そのような場合、離職を考える可能性もあるが、業務外で自己実現の可能性を認めることで、離職を踏みとどまらせる効果も期待できる。

　管理職の中には、職務遂行への懸念から副業・兼業に消極的なスタンスの者も少なくないが、人材育成効果があることを理解し、まずは温かく送り出してみてはどうだろうか。

図表2-9　職員／自治体／地域の3つの視座

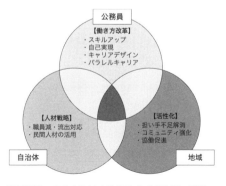

資料出所：東京市町村自治調査会「公務員の副業・兼業に関する調査研究」（2020年）

47

12 [退職管理] 定年延長でどう変わるのか

> 職員A「地方公務員法が改正されて定年が延長になるらしいけど、具体的にはどうなるのかな」
>
> 職員B「60歳になると管理職から外れるらしいよ。かつての部下や後輩の下で働くのかな。再任用とどう違うんだろう？」

　2021年6月、地方公務員法改正案が成立した。これは、2023年度から国家公務員の定年を引き上げる国家公務員法の改正に平仄を合わせたもので、地方公務員の定年についても60歳から65歳まで2年に1歳ずつ段階的に引き上げられることになる（**図表2－10**）。

　これに伴い、定年延長によって昇進のペースが遅くなり、職員の士気の低下を招くことが危惧される。そこで、今回の改正では、組織の新陳代謝を確保し、組織活力を維持するため、役職定年制を導入した。役職定年の対象範囲及び年齢については、国家公務員との権衡を考慮した上で、条例で定めるものとされているが、対象範囲は管理監督職（管理職手当の支給対象となっている職）、年齢は60歳がそれぞれ基本とされる。ただし、公務の運営に著しい支障が生ずる場合に限り、引き続き管理監督職として勤務させることができる特例を設けることができるものとされている。

　つまり、管理監督職にある者は、60歳を迎えると、特段の事由がない限り、その翌年度には非管理監督職となって異動することになる。非管理監督職といってもヒラ職員から課長補佐級まで様々であるが、どの職位に充てるのかは各自治体の判断に委ねられる。

　また、総人件費の増嵩を招くとの批判や、民間及び国家公務員との均衡を踏まえ、60歳を超える職員の給料月額は、60歳前の7割の水準に設定することを基本に、各自治体が条例において必要な措置

を講じることとなる。なお、60歳に達した日以後に、定年前の退職を選択した職員が不利にならないよう、当分の間、定年を理由とする退職と同様に退職手当を算定することとされている。

図表２－10　定年の段階的引き上げ

	現行	2023年度～24年度	2025年度～26年度	2027年度～28年度	2029年度～30年度	2031年度～【完成形】
定年	60歳	61歳	62歳	63歳	64歳	65歳

資料出所：内閣人事局「国家公務員法の一部を改正する法律案の概要」を一部改変

　これまでは定年退職後、最長65歳まで再任用職員としてフルタイムまたは短時間勤務で働くことができた。今回の法改正により、最終的には現行の60歳定年退職者の再任用制度は廃止されることになるが、定年の段階的な引き上げ期間中は、定年から65歳までの間の経過措置として現行と同様の制度が存置される。また、60歳に達した日以後定年前に退職した職員について、本人の希望により、最長65歳まで短時間勤務の職に採用することができる制度を導入することとされている。

　なお、定年延長と従来の再任用、いずれも65歳まで勤務できる点においては同じであるが、定年延長の場合、短時間勤務の選択肢がないこと、扶養手当や住居手当が支給されること、60歳を超えても退職まで退職金が支給されないことなどが再任用の場合と異なる。

　今回の法改正により、再任用制度の廃止で再任用職員を管理監督職に充てられなくなることによる管理監督職のなり手不足、管理監督職の降任による課長補佐級等の実員過剰、役職定年によるモチベーションの低下などが懸念されている。これらの問題に対しては、人材育成の強化による昇進ペースの見直し、人事評価による昇進管理の厳格化、複線型人事管理の導入、早期退職の支援など、総合的な対策が求められる。

13　[働き方] 時間外勤務が減らない

> **職員A**　「昔に比べると職員が少なくなったけど、逆に仕事は増え
> ているよ」
> **職員B**　「時間外勤務が増えるばかりで嫌になるよ。ワーク・ライ
> フ・バランスなんて別世界の話だよね」

　第1章で触れたとおり、自治体の職員数はピーク時の1994年に比べて16%も減少している。一般行政職に限れば21%もの減少である。その一方で、新たな行政課題の発生、地方分権の進展などにより、自治体の業務量は増加の一途をたどっている。その結果、職員一人当たりの業務量も増加し、時間外勤務なしには業務遂行が困難な職場も少なくない。

　1990年代以降、時間外勤務の削減は、主に時間外勤務手当の削減、つまり歳出削減を図るために推進されてきた。2000年代になると特に過労死など長時間労働による健康への影響も配慮されるようになり、さらに2013年に安倍内閣が女性の活躍推進を掲げて以降は、ワーク・ライフ・バランスのとれた働きやすい職場づくりの視点からも時間外勤務の削減が図られるようになった。

　これまで、多くの自治体で様々な時間外勤務削減に向けた取り組みが実施されてきた（**図表2－11**）。このほかにも、「所属長の判断によりグループ編成の随時組替えを可能とする」、「集中タイムの設定、集中スペースの活用」、「管理職に対し、時間外勤務削減にかかる事項を業績目標として設定することを義務付け、給与等に反映」、「時間外勤務削減に関する優良な取り組みを表彰」、「庁舎の自動消灯」、「時間外勤務削減の部局目標を設定し、達成状況を部局長枠予算に反映」、「各職員がパソコンをログアウトした時間を各所属

に毎日配信」、「各職員のパソコンを決められた時間にシャットダウン」など、工夫を凝らした取り組みが各地で行われてきた。

図表2－11 時間外勤務削減のための主な取組事例

〈業務の見直し、効率化等〉
●廃止・削減、負担の偏りの解消、時期的な平準化、アウトソーシングなど
●一定時刻（午後4時など）以降の会議、打合せ、業務指示の原則禁止
●会議の効率化（所要時間の設定・厳守、出席者を最低限にするなど）
●資料作成の効率化（事前の方向性確認、過剰品質としないなど）
●朝夕のミーティング等において業務状況を把握、時間外勤務予定等を確認
●繁忙な部課への応援体制の構築
●時間外勤務縮減に関する会議、対策チームの設置
●時間外勤務の要因の把握

〈意識啓発等〉
●時間外勤務の事前命令、事後確認の徹底を指導
●部署ごとの時間外勤務の実績を幹部会議に報告、庁内共有
●管理職による「イクボス宣言」の実施
●首長や幹部からのメッセージを職員のPCや庁内イントラネットに表示
●年休等の取得を呼びかけ（特にGW・夏期等における連続取得など）
●定時退庁日等における庁内放送、庁内巡回（人事課、部局長等幹部）
●研修の実施

〈定時退庁日、縮減目標の設定等〉
●定時退庁日、ノー残業デー等の設定
●集中取組期間の設定（夏期など）
●時間外勤務の上限や縮減目標を設定（部局、所属ごとなど）
●一定時刻以降の時間外勤務の原則禁止

〈勤務時間・休暇制度の活用〉
●業務の態様・状況に応じた勤務時間の割振り（早出・遅出、フレックスなど）
●代休、週休日の振替の活用

〈是正措置等〉
●時間外勤務が多い所属長に対し、ヒアリングや業務縮減・分担見直しの指導を実施、是正対策の提出を義務付け
●時間外勤務が多い職員に対し、ヒアリング指導を実施

資料出所：総務省「地方公務員の時間外勤務に関する実態調査結果（概要）」（2017年）

　しかし、これらの取り組みにもかかわらず、時間外勤務はなかなかなくならない。それは、これらの対策が必ずしも時間外勤務発生の根本原因に対応したものではないからである。

　そもそも時間外勤務が増加したのは、一人当たりの業務量が増加したからであった。それを踏まえれば、まず行うべきことは事務事業の見直しである。したがって、まずは優先順位の低い事業の廃止・縮小、正規職員の担うべき業務の見直しなどを徹底的に行うべきであろう。そのようにして業務の絶対量を減らした上で、次に行うべきは業務の効率性を高めること、つまり業務プロセスの見直しである。

　もちろんダラダラ残業や付き合い残業の防止に向け、職員の意識向上を図ることも大事である。しかし、根本的な解決を図るには、業務量削減のための総合的な取り組みを徹底的に進めることが必要なのである。

14 [働き方] テレワークの導入が進まない

> 職員A 「コロナ禍で世の中ではテレワークが進んだようだけど、うちの市役所ではほとんどやっていないなあ」
>
> 職員B 「市役所は対人業務が多いから仕方ないよね……でも隣の市役所では結構やっているみたいだよ。何が違うのかなあ」

　2015年、安倍内閣は「一億総活躍社会の実現」を目標に掲げた。その最大のチャレンジとして位置付けられたのが「働き方改革」である。

　これを受け、各地の自治体でも様々な取り組みが進められてきた。自治体の働き方改革推進のための施策としては、フレックスタイム制やテレワークの導入などが代表的であるが、これらはいずれもワーク・ライフ・バランス（WLB）推進施策として従前から実施が推奨されてきたものである。

　2020年には新型コロナウイルス感染症の感染拡大を防ぐため、テレワークを導入する企業が急増した。自治体も例外ではなく、総務省の調査によれば、例えば市区町村では、2020年10月時点で342団体19.9%に急拡大している（**図表2-12**）。

図表2-12　地方自治体におけるテレワーク導入状況（2020年10月現在）

	導入 上段：団体数 下段：割合	未導入 上段：団体数 下段：割合	うち2020年度中の導入を検討	うち2021年度以降の導入を検討	うち以前は実施、現在は実施せず	うち導入予定なし・未定等
都道府県 (47)	47 (44) 100% (93.6%)	0 (3) 0% (6.4%)				
政令指定都市 (20)	17 (14) 85.0% (70.0%)	3 (6) 15.0% (30.0%)	1	2		
市区町村 (1,721)	342 (51) 19.9% (3.0%)	1,379 (1,670) 80.1% (97.0%)	157	149	46	1,027

注）カッコ書きは2020年3月26日時点の調査による数値。
資料出所：総務省「令和2年度 地方公務員におけるダイバーシティ・働き方改革推進に関する実態調査」を一部改変

　テレワークは、勤務場所の制約をなくす。通勤も不要で、仕事のために用いる総時間を大きく減少させる。自宅で子育てや介護をしながら業務に従事することも可能になり、有為な人材が離職・休職をすることなく仕事を続けられる効果もある。職員の心身の健康保持、満足度や業務意欲の向上などによって労働生産性が向上するとともに、時間の使い方に余裕が出ることによる創造性の向上や、仕事以外にも時間を使うことによる視点の多様化にも資するとされる。

　その一方で、窓口業務やケースワーカーをはじめとする対人業務など、行政サービスの最前線ではテレワークの実施が困難な業務がまだまだ存在する。今後は、チャットボットの導入などAIの活用を進め、対人業務のあり方を見直していくことも必要となろう。

　また、テレワークには、勤怠管理の難しさ、情報セキュリティーの確保など、様々な課題も残されている。同僚が何をしているか見えず、職員間の連携、人事評価、OJTやちょっとした相談が難しい、職場の一体感や帰属意識が低下するといった課題も指摘されている。

　上司・同僚が何をやっているか見えないという点に関しては、大部屋主義的であいまいな業務分担を見直し、一人ひとりの担当業務を明確にする必要がある。また、暗黙知を言語化し、マニュアルなどの形式知に転換すればOJTの必要性も低下する。職場の一体感や帰属意識を維持・向上させるには、職員向けウェブコンテンツの充実により、職員間のつながりを実感させる取り組みが参考になる。

　コロナ禍で緊急避難的に広がったテレワークではあるが、いわばぶっつけ本番の実証実験を経て、やればできることが明らかになった。そもそもWLB推進施策の一環であったことを踏まえれば、コロナ禍がある程度収束した後も元に戻すことなく、可能な限り継続を図ることが望まれる。

15 ［業務改革］自治体DXを人事面からどう支援すべきか

> 職員A 「最近、DXってよく聞くけど、具体的に何をやったらいいのかな？」
>
> 職員B 「情報政策に詳しい人に任せとけばいいんじゃない？」
>
> 職員A 「でも、うちの市役所にそんなに詳しい人なんていたっけ……？」

　2020年12月、「自治体デジタル・トランスフォーメーション（DX）推進計画」が総務省により策定され、自治体においてもDXが進みつつある。DXとは、デジタル技術とデータを駆使して住民の利便性を向上させるとともに、業務プロセスを見直してその効率化を図り、限られた人的資源を必要度の高い行政分野に振り分け、行政サービスのさらなる向上につなげようとするものである。また、データを活用してEBPM[9]等により行政の効率化・高度化を図るとともに、多様な主体との連携により新たな価値等を創出しようとすることも期待されている。さらには、業務プロセス改革を通じて、職場の風土・文化の改革にまで至ることも期待されている。

　自治体がDXを推進するにあたっては、それを担う人材の確保が急務とされる（**図表2-13**）。デジタルの知識・技術を持つ人材が不可欠であるが、既存の職員だけでは十分とは言えない。そのため、IT企業・デジタル企業などで業務経験のある外部の専門人材の力を活用することが必要になる。

　そのような専門人材の確保に際し、適切な人材を見つけられないこと、また、見つかったとしても報酬の高さがネックとなる（**図表2-13**）。これに対し、自治体DX推進計画では、総務省・内閣官

房（デジタル庁）・都道府県の連携による外部人材確保の仕組みの構築、市町村が外部人材を雇用する場合の経費について特別交付税措置を掲げ、自治体を支援する姿勢を示している。

　しかし、外部の専門人材を起用すればDXを推進できるかといえば、必ずしもそうとは言い切れない。デジタル技術を万能と考え、外部人材に過剰に期待してすべてを任せてしまっては成功は覚束ない。外部人材はデジタルの専門家ではあるが、必ずしも業務プロセス改革の専門家ではない。当然ながら、自治体の業務は自治体職員が一番理解している。このため、自治体職員が業務プロセスを示した上で、どこに、どのようにデジタル技術を導入すれば業務効率化や住民サービスの向上につながるかを外部の専門人材と一緒に考える必要がある。自治体職員と外部人材が連携・協力して業務にあたっていくことが、今後はより重要になっていくであろう。

図表2−13　DX等に関する市町村アンケート結果（2020年10月現在）

○システムの標準化等のDXを進めるに当たっての課題

※複数回答あり

回答項目	割合
財源の確保	83.9%
情報主幹課職員の確保	63.6%
デジタル専門人材の確保	37.0%
組織体制（CIO・CIO補佐官）の確立	36.2%

○デジタル専門人材の確保に当たっての課題

※複数回答あり

回答項目	割合
人材をみつけられない	82.4%
適切な報酬が支払えない	51.7%
勤務条件が折り合わない	22.9%

資料出所：総務省「デジタル専門人材の確保に係るアンケート」

16 [業務改革] 忙しすぎて新しい施策を考える時間がない

> **課員Ａ** 「忙しすぎて目の前の仕事をこなすので精一杯なのに、来年度の新規事業を考えろなんて無理だよ」
> **課員Ｂ** 「職員を増やしてもらわないと本当に無理だよね」

　自治体の職員数はこの25年で大きく減少し、その一方で業務量は増加した。その結果、職員一人当たりの業務量は以前とは比べものにならないくらい増加し、担当業務をこなすので精一杯の状況になっている。しかし、これまでの削減の経過を踏まえると、職員を安易に増やすことは難しい。

　職員を増やせないのであれば、職員が自ら行わねばならない仕事を厳選するとともに、職員一人ひとりの生産性を向上させる必要がある。仕事を効率的に進めるためには、時間を効率的に使うことも重要である。そこで、近年では、限りある時間をいかに有効に使って生産性を上げるか、そのノウハウを学ぶ「タイムマネジメント研修」を研修メニューに取り入れる自治体が増加している。

　筆者が2017年度に全都道府県・市区町村を対象に実施した調査によると、相当数の自治体がタイムマネジメント研修を実施していた（**図表２－14**）。さらに、タイムマネジメント研修を実施している計302団体に、その対象職層を尋ねたところ、多くは係長級以下、自治体によっては入庁後すぐなど、かなり早い段階から実施されていた。

　タイムマネジメント研修は一般職員を対象とする場合も、管理職を対象とする場合もある。いずれも高いパフォーマンスを発揮している「ハイパフォーマー」の仕事術、時間管理術を学ぶものであるが、

一般職員であれば、特に自身の仕事の効率化を図ることが目標となる。仕事自体を減らし、また、同時に処理することで効率が上がるものはまとめて処理するなど、取り組むべき仕事の整理を行うことから、優先度や周囲の状況等に応じて臨機応変に取りかかる順番を変え、また、作業をマニュアル化して業務効率を高めるなど、仕事の進め方を見直すことまでが含まれる。

これに対し、管理職については、組織の業務効率の向上が目標である。通常、組織の現状の把握、組織が処理すべき業務そのものの見直し、業務の進め方の見直し、組織や権限の見直しなどが含まれる。

タイムマネジメントを徹底することにより、職員一人ひとり、さらには組織全体の業務効率の向上につながる。また、それによって時間的な余裕が生まれれば、新たな政策や価値の創造に充てることもできる。タイムマネジメントの重要性は、今後もますます高まっていくであろう。

図表2-14　タイムマネジメント研修の実施状況（2017年4月現在）

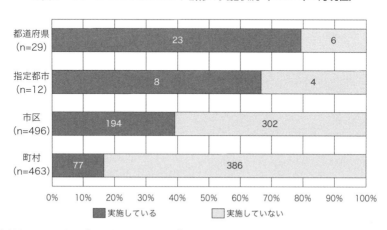

資料出所：大谷基道「地方自治体における『働き方改革』—アンケート調査結果にみる関連施策の実施状況」『獨協法学』106号（2018年）

17 [組織定数] 庁内の繁閑の差が大きい

職員Ａ 「うちの課は今月は忙しくて猫の手も借りたい状況なのに、
隣の課はヒマでいいなあ」
職員Ｂ 「うちも忙しいのは３か月くらいなんだから、そのときだ
け、隣の課から応援を出してもらえるといいのにな」

自治体の職員数は1994年以降大きく減少している。特に大きな
削減が行われたのが、2005年度からの５年間を計画期間とする集中
改革プランの時期である。同プランにおいては、５年間の純減目標
が明示されたため、各自治体はその達成のため、多少の無理をして
でも職員数の削減を行った。

各課の職員定数の決定に際しては、組織定数担当課が庁内全体の
繁閑状況や各課からの増員要望を踏まえて定数の増減を査定する。
しかし、集中改革プランの時期は、純減目標を確実に達成するため、
各部局に削減目標を割り当てる手法が多用された。そのため、部局
間の不均衡がそのまま温存されてしまうという状況が生じた。

また、定数の配置に際しては、業務量を年間で平準化して考える
ため、比較的忙しい時期とそうでない時期がどうしても生じてしま
う。ただ、多くの所属では、職員全員の繁閑期が完全に同じではな
いため、ある職員が多忙であれば別の職員がフォローに回り、互い
に補い合っているはずである。

同様の理屈で、部局内で自由に職員の配置を変えている例も少な
くない。ある課が忙しいときは、別の課から１人連れてきて従事さ
せるといったような取り組みである。しかし、せいぜい同一部局内
の話であり、部局を超えた全庁的な取り組みとなると、ほとんど行

われていないように思われる。

　通常、自治体の組織は、総務、企画、商工、福祉など部門別に組織されている。このような組織形態の場合、各部門の専門性が高まり蓄積されやすいなどのメリットがある一方で、タコツボ化が進み、部門間の連携が図りにくいなどのデメリットも存在する。

　部局横断的な人材活用を図るためには、部門間の連携を図りやすい「マトリックス型組織」を導入することも一つの案として考えられる。マトリックス型組織とは、既存の部門別組織と臨時的なプロジェクトのための組織を組み合わせて併存させるものである（**図表2－15**）。プロジェクト推進のため、異なる部局の人材を活用できる反面、指揮命令系統が2つとなるため、管理が複雑になったり対立が生じたりすることがあるので、導入に際しては十分な理解と検討が必要である。

図表2－15　マトリックス型組織の例

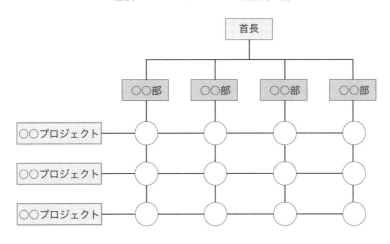

筆者作成

18 [人材活用] 中途採用職員や任期付職員をどう活用すればよいか

> **中途採用職員A** 「転職で入ったものの、職場の雰囲気になかなか馴染めなくて……」
>
> **任期付職員B** 「民間とは仕事の進め方が違うよね。何となく独特の文化のようなものがあって、やりにくいかも……」

公務員の世界では、公務の中立性の確保、職員の長期育成を基礎とする公務の能率性の追求等の観点から「任期の定めのない常勤職員」が基本とされ、長きにわたってそれに基づく人事運営が行われてきた。資格職など一部の職種を除き、その多くは採用試験を経て採用されるが、受験資格が30歳前後までとされていることが多く、実質的には新卒者が多数を占めるのが一般的であった。

しかし、近年は民間における雇用形態の多様化の動きを追うように、多様な任用形態の職員、つまり公務員としては例外的な任用形態の活用が広がってきている。また、任期の定めのない常勤職員についても、近年は採用難から年齢制限を緩和または撤廃したり、専門人材確保の観点から中途採用枠（社会人経験者枠）を設けたりする自治体も出てきている。

2002年には「地方公共団体の一般職の任期付職員の採用に関する法律」等が成立し、任期付職員に関する制度が創設された。地方分権の進展に伴い地方行政の高度化・専門化が進む中、自治体内部では得られにくい高度の専門性を備えた民間の人材を一定期間のみ活用することが必要な場面が生じてきたため、自治体内には存在しない専門的知識経験等を有する者を一定の期間活用する場合に任期

を区切って採用することを可能としたのである。さらに2004年には、より柔軟な任用・勤務形態の必要性が高まったことを踏まえた法改正が行われ、時限的な業務にも任期付職員を充てることを認めるとともに、短時間勤務の任期付職員制度も整備された。

これらの中途採用職員や任期付職員の中には、役所独特の仕事の進め方に戸惑う者も少なくない。特に任期付職員については、変化を嫌う既存職員の抵抗にあい、本領を発揮できぬまま任期を終える者もしばしば見受けられる。役所組織に1人で後から加わるのであるから、孤立感を持たせないよう周囲がフォローし、期待される能力を十分に発揮できるような環境づくりを心がける必要がある。

そもそも中途採用や任期付採用には、民間の専門的な知識経験を役所にもたらすことだけでなく、同質性が高まった役所組織の活性化も期待されている。異分子を排除するのではなく、その良いところを見つけ、自身を見つめ直すきっかけとするぐらいの姿勢を持ちたいものである。

近年は副業・兼業を前提にした採用も進んでいる（**第4章7参照**）。このような採用形態であれば、給与水準が高くて常勤ではとても雇えないような人材を非常勤で活用することも可能である。また、地方の場合、移住を伴うため専門人材の活用が難しかった部分があるが、副業・兼業であれば必要な時だけ来ればよいため、東京など大都市圏の人材を起用することも比較的容易になる。

副業・兼業の場合、既存職員と衝突して辞めても職に困るわけではないため、既存職員の抵抗があったとしても、中途採用職員や任期付職員ほど怯まずに自分の考えを推し進めることができそうである。そういった点を踏まえると、組織の活性化にも期待が持てるのではないだろうか。

19 [人材活用] 会計年度任用職員をどう活用すればよいか

> 職員A 「職員が減らされた代わりに臨時職員が採用されたようだね」
> 職員B 「臨時職員ではなく、いまは会計年度任用職員と言うんだって。どう違うのかよくわからないけど……」

　自治体の職場では、いわゆる任期の定めのない常勤職員（以下、「正規職員」という。）に交じって非正規の職員が多く働いている。総務省の調査によると、その数は2020年4月現在で、会計年度任用職員62.2万人、臨時職員6.8万人、特別職非常勤職員0.4万人にも上っており、2005年に比べると20万人以上も増加している[10]。

　自治体の運営は、正規職員を中心に行うことを大原則としている。これは、成績主義による公務能率の向上、公務の中立性の確保、安心して職務に精励可能な身分保障、職員の長期育成・能力向上などを考慮したものである。しかし、近年、新たな社会問題への対応等により業務が増大する一方で、財政悪化に伴い職員の削減が進んだことなどから、正規職員だけによる運営が困難になり、人件費の抑制が可能で職員定数にも含まれない非正規職員の活用が急増した。

　かつて自治体の非正規職員には、特別職非常勤職員、一般職非常勤職員、臨時的任用職員の3種類があり、保育士、看護師、給食調理員、図書館職員などのほか、事務補助職員などとして自治体現場で勤務していた。しかし、採用試験を経ない非正規職員が正規職員と同じような業務を担うのは成績主義の原則に反し、情実採用を招きかねない。また、正規職員に比べれば給与水準が低く、ボーナスも出せないことや、1年以内の任期の更新を繰り返す不安定な身分であることなどから「官製ワーキングプア」とも言われ、待遇改善の必要性を指摘する声もあった。

　2020年4月、働き方改革の一環で、民間の正規雇用労働者と非正規雇用労働者の間の不合理な待遇差を、いわゆる同一労働同一賃金政策により解消しようとする動きが生まれた。地方公務員についてもこの考え方を踏まえ、これまで問題の多かった非正規職員関連の制度を2020年4月から大幅に見直した。これにより、①特別職非常勤職員を専門的な知識経験等に基づき、助言、調査、診断等を行う者に限定、②臨時的任用職員を常勤職員に欠員を生じた場合に限定、③一般職非常勤職員を「会計年度任用職員」と新たに規定し、その採用方法や任用等を明確化、④会計年度任用職員への期末手当の支給、といった改正が行われ、非常勤職員の大半が会計年度任用職員に移行した。

　会計年度任用職員の従事する業務は、一会計年度内での「相当の期間任用される職員を就けるべき業務」以外の業務であり、単に業務の期間や継続性のみによって判断されるべきものではなく、業務の内容や責任の程度などを踏まえた業務の性質により判断される。その業務に該当するかどうかについては、各自治体において、業務の性質により、個々の具体的な事例に則して判断されるべきものとされている。いずれにしても正規職員と同じ業務を割り当てることは適切ではなく、例えば、定型的な業務や補助的な業務を充てるなど、十分な整理が求められる。

　会計年度任用職員のうち、その約9割がパートタイム、また、その約8割が女性である。平均時給を見ると、事務補助職員で990円、保育所保育士で1,156円に過ぎない（2020年4月1日現在）。名称は変わったものの、実態は現在の自治体は、非正規職員なしには成り立たない。その中心である会計年度任用職員の制度が適切に運用されるかどうか、今後の状況を注視していく必要がある。

20 ［非常時］緊急時の人員体制が十分でない

> 職員Ａ 「いまの職員数では、普段の仕事をこなすのに精一杯で、何か突発的な仕事が入ったら対応できないよ」
> 職員Ｂ 「そうだね。災害が起きたりしたら、応援がないと対応できないね」

　既に何度も述べたとおり、自治体の職員数は極限まで削減された状態にある。どの職場でも既存の仕事をこなすのに精一杯で、それ以上の仕事が降ってきても対応することは難しい。2020年以降の新型コロナウイルス感染症への対応を見ても、保健所の職員だけではまったく手が足りず、他の部署から応援の職員を派遣してしのいできた。その分、職員を送り出した部署では既存の業務に手が回らず、不急の事業を先送りする例も多々見られる。

　東日本大震災においては、庁舎損壊の被害を受けたり、多くの職員を失ったりした自治体が多数生じた。復旧・復興の先頭に立つべき役場自体が機能麻痺状態に陥り、助け合うべき近隣の市町村も共倒れになった地域も多かったため、遠隔地の自治体から応援職員が派遣された。その後、災害時における自治体間の応援職員派遣スキームが整備され、地震や豪雨災害等の際に応援職員が派遣されるようになってきている。

　応援職員派遣のスキームには短期のものと中長期のものがある。短期的な派遣スキームとしては、2018年に「応急対策職員派遣制度」が創設された。これは、被災都道府県内の自治体による応援職員の派遣だけでは対応しきれない規模の災害が発生した場合に、被災都道府県以外の自治体から応援職員を派遣する仕組みである。派遣された応援職員は、避難所運営や罹災証明書の交付等の災害対応業務

の支援や、被災市区町村が行う災害マネジメントの総括的な支援に携わるものとされる。

　中長期的な派遣スキームとしては、総務省と全国市長会・全国町村会による派遣制度がある（**図表2－16**）。この枠組みを通じて多くの応援職員が東日本大震災やその後の大規模災害の被災地に派遣され、道路の復旧、防災集団移転をはじめ様々な業務に従事してきた。

　また、復旧・復興支援には土木職、建築職などの技術職員が必要であるが、その確保は相当に難しい。そこで、2020年には全国一元的な技術職員の中長期の応援派遣の仕組みである「復旧・復興支援技術職員派遣制度」が創設された。

　このように応援職員の派遣スキームは整備されたが、受入れ側の受援体制はまだ十分に整備されていない。それが十分でなければせっかくの応援を十分に活かせないことも予想されるため、その整備も課題となっている。

図表2－16　総務省、全国市長会及び全国町村会による被災市町村に対する中長期の職員派遣制度

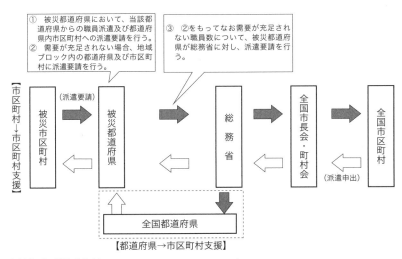

資料出所：総務省資料

65

〈注〉

⑴　稲継裕昭『プロ公務員を育てる人事戦略―職員採用・人事異動・職員研修・人事評価』（ぎょうせい、2008年）。

⑵　同前。

⑶　出雲明子「都市自治体職員の確保と人材育成」日本都市センター編『人口減少時代の都市行政機構（第6次市役所事務機構研究会報告書）』（日本都市センター、2020年）。

⑷　大谷基道「多様化する自治体職員―女性職員及び再任用職員の活用に係る現状と課題」『都市社会研究』10号（せたがや自治政策研究所、2018年）。

⑸　眞﨑大輔監修・トーマツイノベーション編著『人材育成ハンドブック』（ダイヤモンド社、2017年）。

⑹　関根雅泰・林博之『対話型OJT―"主体的に動ける部下"を育てる知識とスキル』（日本能率協会マネジメントセンター、2020年）。

⑺　M・バッキンガム、A・グッドール「チームの力が従業員エンゲージメントを高める」『ハーバード・ビジネス・レビュー』2019年11月号（ダイヤモンド社）。

⑻　堀田聰子「採用時点におけるミスマッチを軽減する採用のあり方―RJP（Realistic Job Preview）を手がかりにして」『日本労働研究雑誌』567号（労働政策研究・研修機構、2007年）。

⑼　Evidence-Based Policy Makingの略。統計や業務データなどの客観的な証拠に基づく政策立案のこと。

⑽　総務省「地方公務員の会計年度任用職員等の臨時・非常勤職員に関する調査結果（令和2年4月1日現在）」（2020年）。

第3章

課題解決へのステップ
——トータルに考える

第3章では、様々な現場の悩みの解決策としてトータルな人事政策を提案する。制度には相互補完性があることから、全体をトータルに考えた豊田市の事例などを見ることとする。

1 制度の相互補完性

(1) 日本型雇用慣行

　1990年代まで、経営学等において、終身雇用・年功制度・非流動的労働市場など日本型雇用システムは日本企業の競争力（効率的生産）に寄与していると主張されることが多かった。

　年功給与や退職金制度は「労働の対価の後払い」であり、労働者に雇用継続のインセンティブを与える「人質」となっている。労働者は企業のためにより大きな貢献（まじめに働いたり、品質向上に努力したり）をするインセンティブを持つ。公務部門においても、同様のことがいえる。年功給与や退職金制度は、当該組織に対する忠誠心を高め、継続雇用のインセンティブを高める。懲戒免職処分になるとゼロになってしまう退職手当は、最終給料月額の62.7か月分（5年分以上）に及んでいた時期もある。退職手当が「人質」となっているので、日本の公務員の汚職は諸外国に比べて少ないと言われることもあった。

　さて、日本型雇用システム・慣行は「相互補完性（戦略的補完性）」を有している。他の企業がより多くその慣行を採用していればいるほど、各企業もその慣行を採用しようとする性質のことである。社会全体が日本型であればあるほど、労働市場はより非流動的になり、退職金や年功給与の「人質」としての役割が高まる。他の企業の再雇用の可能性が低くなるし、再雇用されても給与収入は大きく下がるだろうと予測されるからだ。

(2) 日本型雇用慣行の変容と自治体

　相互補完性を持って均衡していた日本型雇用システムは、2000

年代以降、大きく変容した。成長を続けた日本企業は1990年代以降の減速経済下で合併や縮小が相次いだ。企業業績の割り戻しを期待して、組織内での技能蓄積をするという従来の慣行は大きく崩れつつある。

　学生たちに就職先の決め手を聞くと、その多くは「自分を成長させてくれるかどうか」が決め手だと語る。自分の成長を得た後の転職を視野に入れて就職活動をする学生が多いことを裏付ける。自分を成長させてくれるかどうか、というメルクマールでいうと、自治体の現状は厳しい。採用案内のパンフレットに書かれていることを鵜呑みにする学生は少ない。勤務実態は、先輩を通じて、受験予備校を通じて、あるいはSNSを通じて受験生に伝わる。例えば、「○○市役所に入庁すると20歳代は入力作業などの単純作業ばかりさせられる」などの噂である。他方で、第2章9で見たように、若手職員の離職率が高くなってきている。これは十分に自治体の業務内容を知らずに入職し「実際に入ってみたら、期待していたものとは違った」という採用時のミスマッチの問題が大きい。自治体側は、良い面も悪い面も含めて情報を出す努力をする必要がある（リアリスティック・ジョブ・プレビュー（RJP））。

　自治体は住民に喜んでもらえるサービスに従事するという至高の理念があり、給料をもらいながらボランティア活動を行っているようだと言う人もいる。そのような点を強調するためには、どのような業務に実際に携わるのか、業務分担や働き方の問題も含めて改革をする必要がある。採用活動を有利に進めるには、採用パンフレットを充実させるだけではなく、職場環境や働き方改革などを含めてトータルに考えていく必要がある。

　第2章では現場の悩みから様々な問題点を析出した。一つひとつ

が重要な課題であるが、それを接ぎ木細工で解決することは全体の調和性を失わせる可能性もある。やはりトータルに考えていく必要がある。

　本章では、まず総務省の報告書から課題解決へのステップを考えた後、自治体においてトータルな人事システムを構築した愛知県豊田市役所の例を見て、解決の糸口を考えていきたい。

2　ある報告書からのヒント

(1)　総務省の報告書

　2021年3月、総務省の研究会がある報告書を出した。**図表3-1**は、そこに掲げられた図である。第2章で見た様々な悩みに関連するヒントがいくつか散らばっている。

　報告書は認識として、次のようにいう。

　　地方公共団体は、人口減少、少子高齢化等に伴い、複雑化、多様化する行政課題への対応が求められており、持続可能な行政サービス提供体制を構築するためには、限られた人材を最大限に活用して課題解決に取り組む必要性が年々高まっており、地方公共団体においても、「**人材マネジメント**」の視点に立ち、人材育成の取組を総合的に進めていくことが必要である。

　そして、人材マネジメントの視点に立って、人材育成を進めていくためには、①人材確保、②人材育成、③適正配置・処遇、④職場環境の整備、の4つの要素を有機的に結び付け、職員の持つ能力を最大限に引き出せるよう人事管理を戦略的に行い、組織力向上につなげていく必要がある、としている（**図表3-1**）。

図表3－1 4つの要素に必要な視点

4つの要素に"必要な視点"

【必要な視点】
① 求める人材像の設定
　…地域の実情や行政需要の変化、中長期計画、自治体DX推進計画等を踏まえながら、組織が求める人材像を明らかにした上で、人材確保策を検討
② 「選ばれる組織」となるための魅力発信
　…若者の意識の変化も捉えつつ、「地方」「公務員」の魅力を効果的に情報発信
③ 組織を補完するための外部人材や広域的な人材の活用
　…デジタル人材など、単独で確保・育成が困難な専門人材について、外部人材や広域的人材の活用で補完する視点も必要

【必要な視点】
① 組織理念の構築と共有
　…人材育成基本方針や職員研修、人事評価項目を組織理念と連動させることで、組織理念の共有・定着を図り、組織としての一体感を醸成
② 誰もが働きやすい職場環境の整備
　…テレワーク等の推進、育児・介護等と仕事との両立支援等の働き方改革、ダイバーシティ推進、新たなチャレンジを応援する職場の雰囲気・一体感づくり
③ 「職員のエンゲージメント」の把握
　…エンゲージメントの把握により、組織の健全化、組織力の向上、個人の意欲向上につなげる

人材確保

職場環境の整備

組織力向上の好循環

人材育成

適正配置・処遇

【必要な視点】
① 人事情報と職員研修、OJTとの連動
　…人事情報を活用した、適切な職員研修、OJTの選定・実施、組織及び職員個人の双方向からの人事情報の活用、オンライン研修の活用
② 人事評価制度の人材育成への積極的な活用と管理職員の関与
　…人材育成基本方針や職員研修、人事評価項目と組織理念の連動、人事評価面談の積極的な活用、管理職員の育成的関与、業務を通じた人材育成

【必要な視点】
① 人事情報を活用した配置、処遇、能力開発
　…人事情報を配置、処遇、能力開発に活かすことにより、職員の能力を最大限に活用するとともに、公平かつ客観的・効果的な人事管理を推進
② 組織の将来を担う職員の発掘、配置への首長等の関与
　…人事情報データベースをもとに定期的に議論を行うなど、首長等の積極的関与により、組織全体として人材育成・能力開発の土壌がつくられる、職員への配慮も必要

資料出所：「地方公共団体における今後の人材育成の方策に関する研究会（令和2年度）」

ここで人材マネジメントという用語が使われているが、この点について少し言及しておこう。この用語は、民間企業人事でしばしば使われるもので、人的資源管理（Human Resources Management）を言い換えたものといえる。2000年代に入ってから、従来の労務管理や人事管理という用語と共に、人的資源管理や人材マネジメントという用語も広く使われるようになってきた[1]。

労務管理と人材マネジメントを比較した場合、**図表3-2**のように考えられる。

図表3-2　労務管理と人材マネジメント

	労務管理・人事管理 Personnel Management	人的資源管理・人材マネジメント Human Resources Management
タイムスパン	短期的スパン	長期的スパン
プランニングに対する視点	受動的・その場への対応・制限された範囲での対応	能動的・戦略的・統合的な取り組み
心理的契約	コンプライアンス	コミットメント
コントロールシステム	他者によるコントロール	セルフコントロール
雇用関係に対する視点	多元的	一元的
	集団的・低い信頼度	個人・高い信頼度
組織構造・システム	官僚的	オーガニック
	機械的・集権的・厳密に規定された役割	権限委譲・柔軟な役割
実行責任者	人事部門	ライン・マネジャー
評価基準	コストの最小化	人材の最大限の活用

資料出所：須田敏子『HRMマスターコース：人事スペシャリスト養成講座』（慶應義塾大学出版会、2005年）、18頁を一部加工

人材に対する視点が、コスト管理から、人材の最大限の活用へと変化しつつある。労働者を管理するという視点から、人材に投資するマネジメントへの変化ともいえる。

　公務部門においても、長期的な視点で職員を育て、コミットメントを引き出して、当該職員が組織に貢献することを考える必要があるのはいうまでもない。その際、実行責任者となるのは、人事部門だけではなく、各部署の課長などのライン・マネジャーである。人材の最大限の活用の視点から部下育成を常に考える必要があるともいえる。

　さて、各自治体は「人材育成基本方針」を定めている。その改定時期に来ている団体も多いだろう。先に見た報告書は、先の4つの要素を「人材育成基本方針」に体系的に位置付けることが必要であること、そして、総合計画等の中長期的な計画と連関性を持たせることによって人材育成の取り組みを計画的に、かつ、実効的に進めていくことが重要であるとしている（**図表3－3**）。

図表3－3　今後の人材育成の推進に必要なポイント

今後の人材育成の推進に必要なポイント（人材マネジメントの視点）

○人材を「マネジメント」する視点に立ち、組織にとって重要な「人財」として職員を育成し、限られた「人財」を最大限に活用することによって、組織力の向上を図ることが重要。

○「人材確保」、「人材育成」、「適正配置・処遇」及び「職場環境の整備」における"必要な視点"を踏まえながら、4つの要素を有機的に結び付け、体系的な人事管理の取組を行うことにより、**組織力向上の好循環**が生み出される。
・人材を「マネジメント」する上では、特に、人事情報（※）を活用して、人事制度（研修、OJT、人事評価、配置等）を総合的・包括的に運用することが有効。
・また、職員の自発的・主体的なキャリア形成を支援するため、職員個人にとって有益な人事情報を活用できるようにすることも有効。
　　　　　　　（※人事評価結果や職歴、研修情報、能力・資格情報、将来のキャリアビジョン等）

○各地方公共団体の人材育成基本方針に、「人材確保」、「人材育成」、「適正配置・処遇」及び「職場環境の整備」の4つの要素を体系的に位置付け、各団体の実情に応じた取組を定めるとともに、中長期的な計画と連関性を持たせることにより、それらを計画的に、実効性高く進めていくことが重要。

図表3-3では、

①　人材を「マネジメント」する上では、特に、人事情報を活用
　して、人事制度（研修、OJT、人事評価、配置等）を総合的・
　包括的に運用することが有効であること、

また、

②　職員の自発的・主体的なキャリア形成を支援するため、職員
　個人にとって有益な人事情報を活用できるようにすることも有
　効であること、

にそれぞれ言及している。

　ここでいう人事情報とは、人事評価結果や職歴、研修情報、能力・
資格情報、将来のキャリアビジョン等を指している。

　報告書では前記の4つの要素（①人材確保、②人材育成、③適正配
置・処遇、④職場環境の整備）に分けて、今後の人材育成について
の検討をし、提言を行っている。次項以降順に見ていくこととする。

(2)　人材確保

　ここでは、必要な視点として、**図表3-4**の3つの視点があげら
れている。

図表3-4　「人材確保」に必要な視点

①　求める人材像の設定
②　「選ばれる組織」となるための魅力発信
③　組織を補完するための外部人材や広域的な人材の活用

　まず、①「求める人材像」を明らかにした上で、人材確保策を
検討することが必要だとして、その人材像の設定にあたっては、
自治体の総合計画等の中長期的な計画との連関性を持たせること

が重要だと指摘している。**第2章1**で採用試験は今のままでよいのか、という問題を示した。自治体が求める職員像を明確に受験者に示して、受験者の認識との間に乖離が生じないようにする必要がある。

研究会が整理した「求める人材像」は**図表3−5**であるが、必ずしもこれにこだわる必要はない。各自治体の求める人材像は、地域性や組織特性（規模など）に応じて、自治体それぞれが定めるものである。多くは既に人材育成基本方針を定めているが、現在の視点で見直す必要も出てきている。

図表3−5 求める人材像

① 多様な主体と連携・協働し、地域の課題解決に取り組む職員
② 住民の状況に応じて寄り添った支援を行う職員
③ デジタルの力を活用して業務の見直し（BPR）を進める職員[2]

各自治体においては「求める人材像」に紐付けて人材確保策を検討していく必要がある。例えば、採用試験における評価項目を当該自治体の「求める人材像」に結び付けるなどである。

なお、報告書では民間企業の例として㈱日立製作所の例について触れられている。面接官は自分と似たタイプを採用しがちであることから、それを避けるために㈱日立製作所では次のような方策をとった。まず、面接官に対してはワークショップを行って新しい採用の考え方を徹底する。そして、採用面接においては、積極性や創造性を確かめる質問を強化した。その結果、内定者のタイプ構成が大きく変化したという。

公務員採用試験においても、面接官と似たタイプの職員の採用が循環していく傾向にある。最終面接にあたるのは50歳台の幹部職

員であることが多く、現代の若者の価値観とは様々な点で異なる部分やギャップがある。そのギャップを突破するための取り組みがなされてもよいと考えられる。

　②「『選ばれる組織』となるための魅力発信」に関して、報告書では、民間企業とは異なる自治体ならではの魅力、例えば、地域に飛び出しやすい仕事、地域住民に喜びを提供できる仕事など、「地方」だからできること、「公務員」だからできることを積極的に発信する必要がある、としている。

　公務ならではの仕事の魅力を前面に出すことは、潜在的応募者の掘り起こしにも有益だろう。先にも触れたように、給料をもらいながら住民のために尽くすことのできる至高のボランティアだと指摘する人もいる。その点をいかに若者にアピールできるかも重要だろう。

　報告書は魅力発信のために、複数のキャリアパスを例示したり、ロールモデルとなる職員との交流機会を設置したりすることを提案している。

　これらの取り組みを行うことは、志望者の増加へつながり、また、若手職員の離職問題への対策ともなりうると考えられる。

　報告書は、③「組織を補完するための外部人材や広域的な人材の活用」についても項目をあげて言及し、「自治体単独では確保・育成が困難な専門人材については、外部人材の活用、地域や組織の枠を超えた広域的な人材の配置や横連携によって、不足する人材を補完していく視点も必要」としている。

　とりわけ、第2章15で見たように自治体DXを人事面から支援することを考えた場合、デジタル人材の確保・育成が今後さらに深刻な問題となっていく。外部人材の活用や広域的な人材の配置と、自治体職員の連携・協力した業務遂行体制は、今後より重要になっ

てくるだろう。

(3) 人材育成

ここでは、必要な視点として、**図表3－6**の2つの視点があげられている。

図表3－6 「人材育成」に必要な視点

① 人事情報と職員研修、OJTとの連動
② 人事評価制度の人材育成への積極的な活用と管理職員の関与

①「人事情報」とは、職員のこれまでの職歴、受講した研修の情報や保有能力・資格情報、今後どのような分野・部署等への配属を希望するかといった将来のキャリアビジョン、業務に関する人事評価結果等のことをいう。

どの自治体も、給与計算のために、氏名、学歴、異動や昇給の発令、諸手当の前提である住所、通勤方法、家族状況などを記録した台帳は必ず備えているはずだ。

だが、人材マネジメントの観点から、保有能力、資格情報、配属された部署での業務内容、異動希望などについて詳細に記入したものを持ち合わせている自治体は必ずしも多くはない。

人材マネジメントの視点から職員の育成・能力開発を効果的に進めるためには、この「人事情報」を効果的に活用していく必要がある。それにより、各職員に適した研修の選定・実施ができ、またOJTの指導においても参考・判断材料とできるなど、職員の意向や適性に応じた教育を行うことが可能となるし、研修内容の充実などに活用できる。

報告書では、「人事情報」について、組織だけが活用を行うので

はなく、職員自らが活用して自発的なキャリア形成のために活用できるよう支援することも重要だとしている。

　先に見た㈱日立製作所では、人財マネジメント統合プラットフォームを導入して、人財マネジメントに関する情報・プロセス・データベースをグローバルに統合した。そして、用途に応じてアクセス権限などを細かく規定し、従業員本人からも職務履歴や資格等のスキルを登録できるようにし、また、一定の制約範囲を設けた上で社員が相互に情報を閲覧できるようにしている。

　②人事評価制度の人材育成への積極的な活用は重要な視点である。人材育成においては、研修等を通じたスキルアップだけでなく、上司から職員への働きかけ（コミュニケーション）を通じて、仕事に対するモチベーションの向上につなげ、組織に対する貢献を引き出すことも必要となってくる。報告書でも、「人事評価制度に基づく面談を積極的に活用することが非常に効果的」とされている。

　人事評価制度に基づく「管理職員との面談」の機会は、組織理念を共有できる場面である。組織理念は組織全体の活動の方向性を示すものであり、人材育成の基盤である。面談の機会にそれを具体化し、「個人のやりがいや誇り、成長を引き出すといった人材育成に活かしていくことが重要」だとしている。

　また、職場は人材育成の場であり、「育成的な観点から、管理職員が様々な働きかけを行うことが重要」であることを指摘している。

　第2章2では人事評価はうまく機能しているのか、という問題提起をした。人事評価を左右するのは、各職場の管理職員であるということを今一度確認しておく必要がある。

⑷ 適正配置・処遇

ここでは、必要な視点として、**図表3−7**の2つの視点があげられている。

図表3−7 「適正配置・処遇」に必要な視点

① 人事情報を活用した配置、処遇、能力開発
② 組織の将来を担う職員の発掘、配置への首長等の関与

①人事情報を活用した配置、処遇、能力開発というのは、当たり前のように考えられてはいるものの、実はこれまで自治体での取り組みが遅れていた分野でもある。

適正な配置・処遇は、組織力の向上や職員本人のやりがいに直接寄与するものである。報告書では「人事情報をもとに、職員の適性や意向を把握した上で、個々の職員が持つ能力に対してプラスアルファとなる仕事や適切なポジションへの配置、さらには、能力や業績に基づく人事評価結果を処遇へ反映することにより、職員の持つ能力を最大限に活用することができるとともに、モチベーションの向上につなげていくことができる」としている。

また、人材をより効果的にマネジメントするためには、「各分野・各部署のポジション毎に求められる役割や資質、能力等を明らかにする視点も必要である」としている。これにより、人事情報に基づき、職員と配属先とのマッチングを容易に行うことが可能となるとともに、職員にとっても、自発的なキャリアビジョンの形成につなげることができる。

②組織の将来を担う職員の発掘、配置への首長等の関与というのは、次の2つのことを指している。

1つは、組織の将来を担う職員の発掘、配置を長期的に行ってい

くことを指す。民間企業の取組例から明らかになったのは、「(1)組織の将来を担う人材の発掘、配置について、実際の配属よりも早い段階から定期的に議論していること、(2)人事情報データベースに基づいて議論をしていること、(3)議論するための会議体を定期的に開催し、社長等の経営幹部が議論の中心にいること」であった。(1)と(2)によって、「人事部門の在職歴が長い職員を主体とした経験に基づく従来型の人事管理ではなく、データに基づいた客観的で公平な人事管理を行うことができる。また、組織の将来を担う人材を早い段階から発掘し、配置することで、長期的な観点から、計画的に育成することができる。さらに、(3)のように、組織のトップが組織の将来を担う人材の発掘、配置に関わることで、組織の目指す方向性と人事管理の取組の方向性に整合性を持たせることができる。」としている。

　報告書では、自治体においても「組織の将来を担う職員の発掘、配置にあたっては、首長や幹部職員が積極的に関与できるような取組を検討していくべきである」としつつも、上記の選抜等の「導入を検討する際は、職員のモチベーションについて、十分に配慮する必要がある」と言及している。

　第2章4で昇任したがらない職員が多いという問題をあげたが、将来の幹部候補を早期に選抜するという民間企業の例から学べることも少なくないだろう。

(5)　職場環境の整備

　ここでは、必要な視点として、**図表3－8**の3つの視点があげられている。

図表3－8 「職場環境の整備」に必要な視点

① 組織理念の構築と共有
② 誰もが働きやすい職場環境の整備
③ 「職員のエンゲージメント」の把握

①組織理念とは、組織の「目標」や、何を大切にして仕事をするのかという「価値観」など、組織全体の活動の方向性を示す基本的な考え方である。自治体ごとの地域特性、強みや弱み、重視し実現したい価値などを盛り込み、独自のものとなるよう構築することが望まれる。組織理念は人材育成の基盤であり、構築・共有の過程においては、多くの職員の関与があることが望ましい。

構築された組織理念を組織全体で共有することにより、組織としての一体感が生まれ、人材育成・能力開発の土壌がつくられる。人材育成基本方針や職員研修、人事評価項目を、組織理念と連動させることにより、人材育成の実効性を高めることができる。

②職員の能力を最大限に引き出し、活用するためには誰もが働きやすい職場環境を整備し、職員のモチベーションを向上させ、組織力向上につなげていくことが重要である。

新型コロナウイルス感染症対策として全国で急速に広がったテレワークは、「働く場所を本来の職場に限定しないため、職員一人ひとりのライフステージに合った多様な働き方を実現できる方策であり、『ポストコロナ』の観点からも、テレワークの導入を推進していくことが重要」だと報告書は言及する。第2章14でテレワークの導入が進まないという問題を取り上げたが、コロナ禍での経験を活かしつつ、ポストコロナにおいてもテレワークへの取り組みを進める必要がある。

テレワーク、時差出勤やフレックスタイム制など勤務時間の弾力的な設定に基づく柔軟な働き方について、報告書は、「ワーク・ライフ・バランスに有効であるだけでなく、担当できる業務の幅を広げたり、中長期的なキャリア形成を考える上で重要な取組」であるとしている。

柔軟な働き方の推進、時間外勤務の縮減、年次休暇や男性の育児休業取得の促進など、諸制度を利用しやすい雰囲気を醸成し、誰もが働きやすい職場環境を整備することは重要である。それにより、育児、介護、地域活動等との両立が必要な職員を支援していくとともに、柔軟な業務分担が行われることが重要であり、それが職員の組織への帰属意識を高めるためにも必要だとしている。

また、職員のモチベーションや働きがい、働きやすさに直接影響を及ぼす職場の雰囲気づくりが非常に重要であり、日頃から若手職員の声を吸い上げたり、肯定的に相手と関わるように意識付けるなど、組織の風通しを良くすることによって、職場で発言しやすく、行動しやすい環境づくりを推進していくことが重要である、と指摘している。

第2章5で女性職員の登用が進まないという問題を、同章13で時間外勤務が減らないという問題を、そして同章17で庁内の繁閑の差が大きいという問題をそれぞれ指摘した。誰もが働きやすい職場を構築することは、これらの問題群に影響を及ぼし、解決策に通じる重要な課題である。

③「職員のエンゲージメント」の把握による組織力向上という視点は、近時、民間企業で特に重視されている視点である。「働きがいや意欲、組織に対する思い入れ、愛着などの『職員のエンゲージメント』が高いと、個人のパフォーマンスの向上と組織の成長

が連動し、相互に貢献しあう関係となる」民間企業の取り組みなどを参考にしつつ、自治体における職員のエンゲージメント把握が重要になってくる。第2章8で意欲の低い職員が多いという問題を取り上げたが、エンゲージメントを高めることで得られる効果は大である。まずは職員のエンゲージメントの把握に努めることが必要だ。

(6) 体系的な取り組み

報告書は、最後に、以上見てきた4つの要素を有機的に結び付け、体系的に取り組みを進めて行くことが必要である、と締めくくっている。

そして、そのあとに参考資料編として、民間企業や自治体の事例が紹介されている（花王㈱、㈱ポーラ・オルビスホールディングス、㈱日立製作所、京都府、広島市）。ただ、これらの事例は、上記の様々な要素のうちのどれかに焦点を当てたものである。例えば、京都府の事例では、ベンチャーチャレンジ職員育成事業、民間企業との合同研修などが取り上げられており、また、広島市の事例では、女性職員のキャリアパスの見える化や、職業キャリアコースなどについて取り上げられているものである。人事制度全体のトータルなものが紹介されているわけではない。

そこで、次節では、豊田市のトータル人事システムを学ぶことによって、体系的な取り組みについて考えていくこととする。

3 豊田市のトータル人事システム

(1) トータル人事システム

① 豊田市の概要

　豊田市は愛知県の中央に位置する人口約42万人の市で、トヨタ自動車㈱の本社が所在し「クルマのまち」として知られる。1998年に中核市に移行し、2005年には周辺6町村と合併し、面積は約920㎢となって、愛知県全体の17.8%を占めるに至った。

　職員数は約3,100人で（「豊田市の給与・定員管理等について」）、一般行政職の平均年齢は41.7歳となっている。2020年4月1日現在の一般行政職の級別職員数は**図表3−9**のようになっている。

図表3−9　豊田市一般行政職員の級別職員数

(2020年4月1日現在)

区分	10級	9級	8級	7級	6級	5級	4級	3級	2級	1級	計
標準的な職務内容	参事	参事	副参事	主幹	副主幹	副主幹	主任主査	主査	主査主事技師	主事書記技師技手	
職員数	0人	16人	45人	114人	76人	41人	317人	578人	131人	83人	1,401人
構成比	0.0%	1.2%	3.2%	8.1%	5.4%	2.9%	22.6%	41.3%	9.4%	5.9%	100.0%

資料出所：令和2年度「豊田市における人事行政の運営等の状況について」

② 豊田市のトータル人事システム一覧[3]

　豊田市では、「組織力の向上を目指した改革」という目標で人事諸制度改革を行ってきた。職員一人ひとりが自治体職員としてプロの意識を持って成果を出せるような仕組みづくりはどうあるべきか。人材育成基本方針が掲げる「求められる職員像」は、「プロ人材」である。

　このプロ人材を育成し、組織力を向上するために、「採用・配置」
「評価」「報酬」「能力開発」という4つの要素がリンクした改革が
必要だった。トータル人事システムは、**図表3－10**に掲げる4つ
のシステムが連動することで、「職員をどう位置付け、どう報い、
どう動機付けしていくか」という観点から形成される。このシステ
ムが職員個人のパフォーマンスに影響を与え、一人ひとりの意識改
革の動機付けとなる。この職員の集合体が組織構造として構成さ
れ、市の将来ビジョン実現のために事業戦略を実行していくことと
なる。

図表3－10　トータル人事システムの基本構成

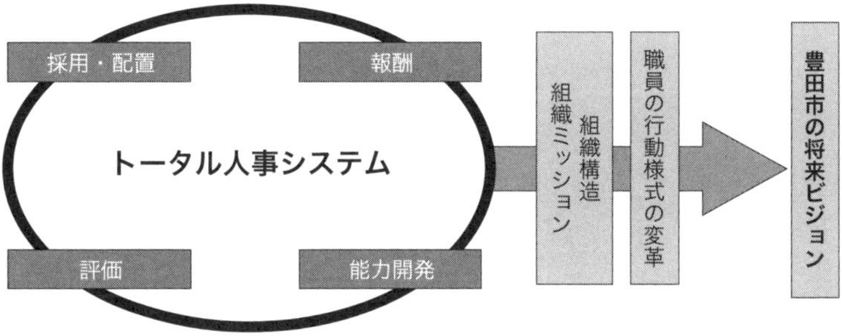

　豊田市のトータル人事システムを一覧にしたものが、**図表3－
11**である[4]。
　豊田市の一覧の次の頁には空白を設けたシートを置いた（**図表3
－12**）。豊田市の記入例を参考として、読者の所属する（注目する）
自治体のものをここに書き込んでみてはどうだろうか。

図表3－11　豊田市トータル人事システム概要図
（プロ人材の確保・育成をめざす行動計画）

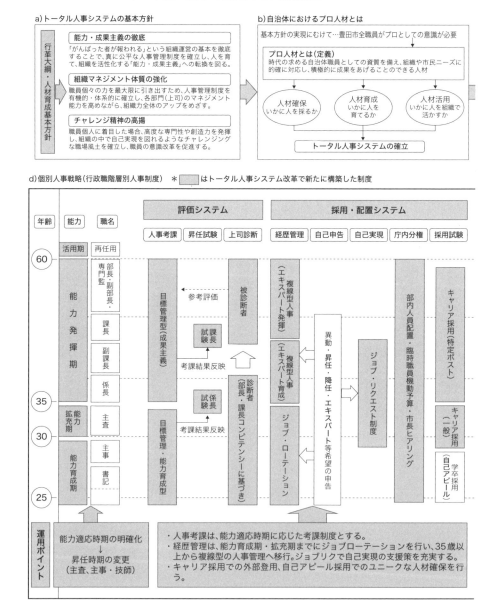

a) トータル人事システムの基本方針

行革大綱・人材育成基本方針

能力・成果主義の徹底
「がんばった者が報われる」という組織運営の基本を徹底することで、真に公平な人事管理制度を確立し、人を育て、組織を活性化する「能力・成果主義」への転換を図る。

組織マネジメント体質の強化
職員個々の力を最大限に引き出すため、人事管理制度を有機的・体系的に確立し、各部門（上司）のマネジメント能力を高めながら、組織全体のアップをめざす。

チャレンジ精神の高揚
職員個人に着目した場合、高度な専門性や創造力を発揮し、組織の中で自己実現を図れるようなチャレンジングな職場風土を確立し、職員の意識改革を促進する。

b) 自治体におけるプロ人材とは

基本方針の実現にむけて…豊田市全職員がプロとしての意識が必要

プロ人材とは（定義）
時代の求める自治体職員としての資質を備え、組織や市民ニーズに的確に対応し、積極的に成果をあげることのできる人材

人材確保
いかに人を採るか

人材育成
いかに人を育てるか

人材活用
いかに人を組織で活かすか

トータル人事システムの確立

d) 個別人事戦略（行政職階層別人事制度）　＊ □□□はトータル人事システム改革で新たに構築した制度

年齢	能力	職名	評価システム	採用・配置システム

人事考課｜昇任試験｜上司診断｜経歴管理｜自己申告｜自己実現｜庁内分権｜採用試験

（60）活用期　再任用

専門監・部長・副部長・

能力発揮期　課長

副課長

係長

（35）拡充能力期　主査

（30）　主事

能力育成期　書記

（25）

目標管理型（成果主義）
参考評価
被診断者
試課長　試験
考課結果反映
試係長　試験
考課結果反映
目標管理・能力育成型
診断者（部長・課長コンピテンシーに基づき）

複線型人事（エキスパート発揮）
複線型人事（エキスパート育成）
異動・昇任・降任・エキスパート等希望の申告
ジョブ・ローテーション
ジョブ・リクエスト制度

部内人員配置・臨時職員機動予算・市長ヒアリング

キャリア採用（特定ポスト）
キャリア採用（一般）
学卒採用（自己アピール）

運用ポイント

能力適応時期の明確化
↓
昇任時期の変更
（主査、主事・技師）

・人事考課は、能力適応時期に応じた考課制度とする。
・経歴管理は、能力育成期・拡充期までにジョブローテーションを行い、35歳以上から複線型の人事管理へ移行。ジョブリクで自己実現の支援策を充実する。
・キャリア採用での外部登用、自己アピール採用でのユニークな人材確保を行う。

c)トータル人事システムの基本構成

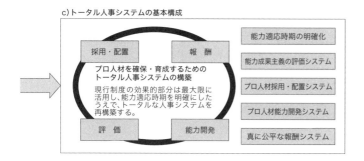

採用・配置	報　酬
	能力適応時期の明確化
プロ人材を確保・育成するための トータル人事システムの構築 現行制度の効果的部分は最大限に 活用し、能力適応時期を明確にした うえで、トータルな人事システムを 再構築する。	能力成果主義の評価システム
	プロ人材採用・配置システム
	プロ人材能力開発システム
評　価　　　能力開発	真に公平な報酬システム

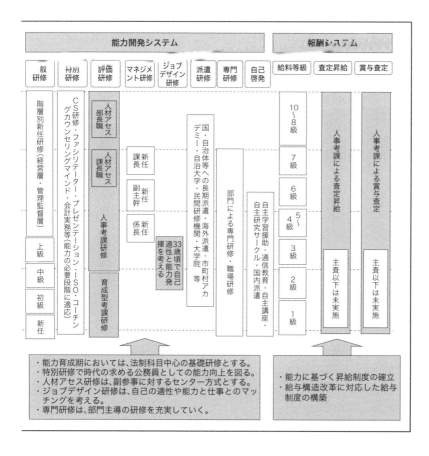

能力開発システム								報酬システム		
一般 研修	特別 研修	評価 研修	マネジ メント研修	ジョブ デザイン 研修	派遣 研修	専門 研修	自己 啓発	給料等級	査定昇給	賞与査定

・能力育成期においては、法制科目中心の基礎研修とする。
・特別研修で時代の求める公務員としての能力向上を図る。
・人材アセス研修は、副参事に対するセンター方式とする。
・ジョブデザイン研修は、自己の適性や能力と仕事とのマッチングを考える。
・専門研修は、部門主導の研修を充実していく。

・能力に基づく昇給制度の確立
・給与構造改革に対応した給与制度の構築

図表3－12 ○○市・町 トータル人事システム

_____ 市・町 トータル人事システム

貴市・町の状況について、以下の表に記入してください。

システムの基本的な
考え方・ポイント

【年齢】【能力】【職名】

	評価システム	採用・配置システム	能力開発システム	報酬システム
60				
50				
40				
30				
20				
運用ポイント				

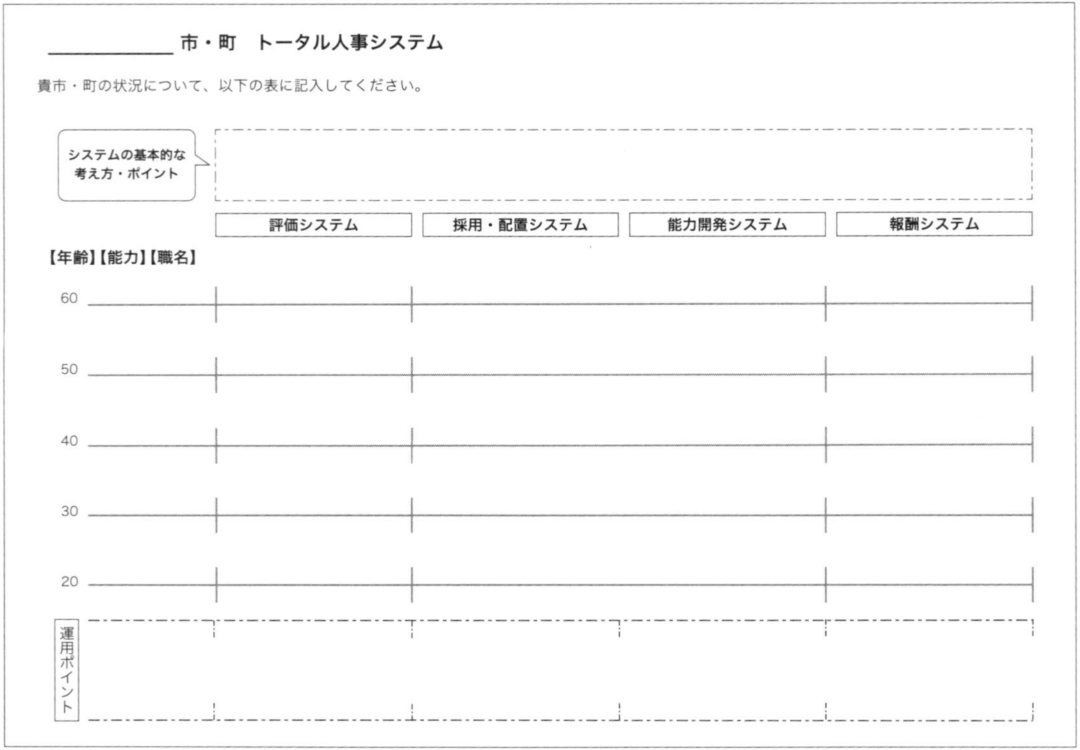

　図表3－11と図表3－12を比べた場合、どれくらいの差があっただろうか。ほとんど違いがないという自治体の場合は、かなり制度の構築が進んでいるといってよいと考えられる。他方で、図表3－12の空欄があまり埋まらないという自治体の例もあるだろう。

　さて、図表3－11の豊田市のトータル人事システムの図を再度確認していきたい。

　左端から、評価システム、採用・配置システム、能力開発システム、報酬システムがあり、それぞれに、能力の育成期、拡充期、発揮期と分けた職名・給料等級を設定し、制度をはめ込んでいる。一瞥すると、各制度が相互に関連しあっている部分が多いことがわかる。

③　行政経営体へ

　豊田市では2000年、「行政運営体から行政経営体への変革」のスローガンを掲げて選挙に臨んだ鈴木公平市長が当選した。市職員として長年勤務し、副市長（当時は助役）まで昇り詰め、その後市長に選ばれた。鈴木氏が助役時代に、サッカー・ワールドカップの誘致を目指して豊田スタジアムを造るという事業があった。これに対しては反対派住民から住民投票条例の制定を求める直接請求が行われたりもした(市議会で否決)。助役時代のこうした経験などを踏まえ、「行政運営体から行政経営体への変革」というスローガンが出てきた。

　これまでの行政運営体は先例踏襲や予算消化に重点を置いていた。しかし、これからの時代は自立した自治体を確立し、経営的視点で行政活動を推進することが必要だと考えられている。それが、ここでいう「行政経営体」である。市民志向、現場主義、成果主義の3つの視点で各職員が行政を推進していこうという考えに依拠していた。

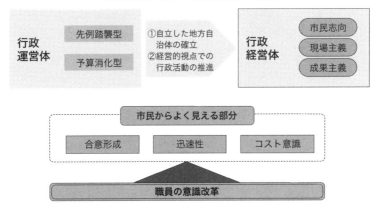

図表3 - 13　豊田市の行政経営システム策定

行政経営システム策定
「行政運営体」から「行政経営体」への変革

ただ、これらの視点は目に見えにくい。そこで、「合意形成」「迅速性」「コスト意識」という市民からよく見える部分についての仕組みをまずはしっかり確立することを目指した。この方向への職員の意識改革を図るために、行政経営戦略プランを作るなどした。

行政経営体という意識を職員自身が持つために、これから求められる職員像を策定していった。そこでは豊田市全職員がプロとしての意識を持つことが必要としている（**図表3 - 13**）。

そしてプロ人材を次のように定義している。

　時代の求める自治体職員としての資質を備え、組織や市民ニーズに的確に対応し、積極的に成果を上げることのできる人材

そして、そのような人材を得るためには、　①高い成果を上げるための自律的行動と、　②高度な専門人材を育成していかなければならないという考え方に立っている。

④ トータル人事システムの基本方針

これらを前提として築かれた豊田市のトータル人事システムには3つの基本方針が掲げられている（**図表3－14**。前掲図表3－11の左上を拡大して再掲）。

図表3－14　豊田市トータル人事システムの基本方針

a）トータル人事システムの基本方針

行革大綱・人材育成基本方針

能力・成果主義の徹底
「がんばった者が報われる」という組織運営の基本を徹底することで、真に公平な人事管理制度を確立し、人を育て、組織を活性化する「能力・成果主義」への転換を図る。

組織マネジメント体質の強化
職員個々の力を最大限に引き出すため、人事管理制度を有機的・体系的に確立し、各部門（上司）のマネジメント能力を高めながら、組織力全体のアップをめざす。

チャレンジ精神の高揚
職員個人に着目した場合、高度な専門性や創造力を発揮し、組織の中で自己実現を図れるようなチャレンジングな職場風土を確立し、職員の意識改革を促進する。

1点目は能力・成果主義の徹底である。「がんばった者が報われる」という組織運営の基本は民間も公務も同じだと考える。それを徹底することで、真に公平な人事管理制度を確立し、人を育て、組織を活性化する「能力・成果主義」への転換を図ることを目指している。公務は競争や評価になじまない（結果平等主義）という見方もあるが、「本当に市民はそう思っているだろうか」と豊田市の人事担当者は問いかける。市内にはトヨタ自動車㈱というグローバル企業があり、市民には同社や関連企業の従業員、家族が多い。民間企業での当たり前が、市役所では当たり前でないとすると、市民はどう感じるか。市民目線で考えることが必要だった。

2点目は、組織マネジメント体質の強化である。能力・成果主義を徹底するためには、このマネジメント体質の強化が不可欠である。

成果を出すにはライン・マネジャーが成果をどう考え、それに向けて職員をどう結び付けていくかを考え、実際にマネジメントをする必要がある。これがなければ単なる結果主義に陥ってしまう。職員個々の力を最大限に引き出すため、人事管理制度を有機的・体系的に確立し、各部門（上司）のマネジメント能力を高めながら、組織力全体のアップを目指す、としている。

　3点目は、チャレンジ精神の高揚である。成果を求めるのであれば、職員各自が挑戦したいと思うフィールドを人事が用意する必要がある。人事サイドの考えだけで人事異動をして、そこで成果を上げるように強いるのは無理がある。そこで、職員の思いを実現するフィールドへ行ける仕組みを用意し、能力・成果主義ということにつなげられるようにする。職員個人に着目した場合、高度な専門性や創造力を発揮し、組織の中で自己実現を図れるようなチャレンジングな職場風土を確立し、職員の意識改革を促進することになる。

　上に見た3つの基本方針（①能力・成果主義の徹底、②組織マネジメント体質の強化、③チャレンジ精神の高揚）をもとにどのような人事制度を構築しているかを示すのが、**図表3－11**である。再度この図に戻って細部を見ていくこととする。

　豊田市では書記、主事の時期を能力育成期、主査の段階を能力拡充期、係長以上の時期を能力発揮期と位置付けている。そして、**図表3－11**の「トータル人事システム」の一番左に来ているのが、評価システム─人事考課システムである。

⑵　評価システム

　豊田市のトータル人事システムの中で一番の核となるのが人事考課制度である。市では、1999年度から管理職を対象として目標管

理を活用した人事考課制度を始め、徐々に対象を拡大していった。

　職員向けに書かれた豊田市の人事考課マニュアルは、最初に、公務員自体が競争に晒される環境になりつつあり、先例に沿って仕事を進める時代ではないことを強調する。与えられた仕事を日々こなしていくというだけではなく、職員一人ひとりが市の目標を十分に理解し、「何のために」、「何をすべきか」を考えることが必要であることを強調している。さらに、課題を自ら発見し、その解決のために「どうすればよいのか」という点に自ら進んで取り組み、仕事に創意工夫を凝らす姿勢がますます求められているとする。これを目標管理型人事考課システムに落とし込んでいる。

　豊田市の目標管理型人事考課システムの最大の特色は、単なる評価ツールに終わるのでなく、「政策実行のための組織マネジメントツール」でもある点にある。総合計画や重点目標、戦略プランといった組織の目標に沿って個人がそれぞれの役割に基づき目標を設定し、その目標の難易度と達成度で業績考課を行う仕組みとなっている。

　この人事考課制度は、評価システムの中核をなす制度であると同時に、目標達成によるマネジメント体質の強化やOJTによる人材育成機能をもあわせ持つ制度として運用している。また、目標設定にあたっては、職員のチャレンジ精神を評価する加点主義制度となっており、困難な目標に失敗を恐れずチャレンジする職員を高く評価するような仕組みとなっている。

①　目標管理による人事考課

　豊田市では、毎年4月に当該年度の組織の重点となる部・課の目標を市長以下幹部と各部局が議論する「重点目標ヒアリング」会

議を行ってきた。つまり組織目標管理はずっと以前から行ってきていた。これは、情報交換の場であるとともに意見調整の場ともなっていて組織に定着していたが、これを人事考課制度の中に取り込んだ。

　人事考課を行う場合、組織目標と個人目標がうまくリンクできなければ、組織力の向上にはつながらない。豊田市の場合、組織目標については上述の組織目標管理が既にあるので、それにタイミングを合わせる形で個人目標に難易度や達成度を設定し、それを評価していった。チャレンジングで難易度が高い目標であれば、達成度が低くても高得点となるようなマトリックスに基づいて得点が示される。上記の「困難な目標に失敗を恐れずにチャレンジする職員」を高く評価する仕組みであることを、目に見える形で職員に示している。

②　部下による上司診断

　考課制度定着のために、考課者研修に加えて「評価の風土づくり」を仕掛けてもいる。その一つが部下による上司診断である。

　信頼できる人に評価されるかどうかは人事考課の永遠の課題だが、逆査定制度を導入して評価の風土を作っていった。2000年度から導入された「部下による上司診断」は、課長級と部長・次長級を被考課者にして、直属の部下が一定の項目について評価をし、それを人事課が集計して上司である本人とそのさらに上司に渡すというやり方である。本人及びその上司は、診断結果を今後の自己啓発や組織運営の参考とする。

　評価結果を直接人事考課に使っている市もあるが、豊田市の場合は、あくまで評価される管理職職員の自己啓発資料であり、考課の

風土づくりということで活用している。人事考課へ直接反映しないのは、上司が部下の人気取りにはしってしまっては困るということからである。

③ 能力期別の人事考課フレーム

目標管理型の人事考課は、能力適応時期に基づいて目的や方法を定めている。すべての職員がプロとしての自覚を持ち、自己の能力を成果として発揮するためには、職員のキャリア観をサポートする体制づくりが必要である。それぞれの職員に求められる能力のステージを明確にし、その中で自分がどういう職員になりたいのか、そのためには何をすればいいのかに関して、自ら目標を持って考えることのできる環境づくりをしようとしている。

・能力育成期（採用から30歳程度まで）：

　自治体職員としての基礎能力の習得と自己発見の時期

・能力拡充期（30歳程度から主任主査（係長）前まで）：

　中堅職員として成果を上げ、自己実現の方向性を定める時期

・能力発揮期（役職者）：

　成果主義に基づき、各職位における役割・責任を果たす時期

係長以上の役職者については成果主義を徹底し、能力育成期・拡充期には人材育成を主眼に考課制度を構築している。また、考課結果は昇任試験にも反映させている。

それをイメージ化すると**図表3−15**のようになる。

図表3−15　能力期別のイメージ

能 力 期	能力育成期		能力拡充期	能力発揮期
職　　名	書記	主事	主査	係長〜部長
考課形態	人材育成型・能力開発重視の目標管理型			目標管理型（成果重視）
イメージ	若いうちは、評価を気にせず、のびのびと育て！そして、いろいろなことを吸収しよう。		さあ、いよいよ競争が始まる。自己実現のために自己の能力を最大限に開花しよう。	今まで培った能力を仕事の成果として還元する時期だ。がんばれば報われる。
特　　色	・業務を遂行するにあたって高めたい能力・能力開発目標を定め、その達成状況を評価する。 ・業務考課は、管理職の目標管理と同様な方法により難易度と達成度で評価する。 ・能力考課においては、職場の特性に合わせ評価要素を選択する。			業務考課は、目標の難易度と達成度により評価する。上位職になるに従い業務考課のウエイトが高くなり、より成果が求められる。
処遇反映	現段階では賞与、昇給への反映はない。給与構造改革を踏まえ、今後対応協議を進める。（＊）			賞与・昇給・昇任へ反映
昇任試験	該当なし		考課点の50％を反映	考課点の30％を反映

＊その後賞与反映（本章末注(**4**)参照）

④　人事考課の効果的運用ポイント

　豊田市は、人事考課の運用を効果的にするために、次の諸点を強調している。

ア　人事考課制度は、単に「人を評価する」というより、「いい仕事をする」ためのマネジメントシステムである

　市民から見れば、職員の個々の評価は市民生活に直接的に関係するものではなく、職員がどれだけいい仕事をし、市民サービスの向上に寄与できるかが大切なことになる。市民にとっては職員の人事や評価などどうでもよいことである。限られた資源で良質の行政サービスが提供されることを望んでいる。

　したがって、人事考課制度自体がいくら公平・的確に評価する仕組みであっても、「いい仕事」に反映されなければ、制度の存在価

値はない。住民サービスの向上が何より大事である。

イ　組織使命や上位目標と自分の分担事務の関わりを理解することが重要

　組織の重点目標への参画や直接参画できない場合でも、担当する業務が組織にとってどういった位置付けになるのか上司と部下で共通認識を持たなければならない。この共通認識がなければ目標はバラバラになってしまう。

　そうしてはじめて部下職員はやりがいを持って目標達成へのプロセスや手段を自主的に考えることができる。

　特に一般職員の場合は組織目標の立案に直接参画する機会が少ないので、事務分担をする際にリーダーやサブリーダーはきちんと説明をしなければならない。単に事務を割り振ることだけがリーダーの役割ではない。リーダーの役割は極めて重い。

ウ　「目標の設定」が大切である

　「いい仕事」に結び付けるためには、年度当初の目標設定が重要になる。この段階での上司との話し合いが1年間の業務に影響するし、逆に影響のある目標設定を行う必要がある。

　目標設定時は、部下から上がってくる目標を単に確認したり、難易度を追認するのではなく、「10のレベルまでやります」という目標をいかに「12までやります」という方向に誘導できるかが上司のマネジメント能力である。この「プラス2」はノルマ管理ではなく、職員の意欲向上につなげる手法として大切にしなくてはならない。

　組織重点目標に直接リンクしない業務であっても、能率の原則に沿ってより効率的効果的な業務プロセスに導くことができるかが上

司のマネジメント能力である。

エ　上位職になるに従い、マネジメントにかかる時間がより必要になる

　民間に比べ、公務員はマネジメントにかける時間が少ないと言われている。事業実施には積極的でも、組織運営・人事考課・部下指導などのマネジメントにかかる業務は二の次になりがちだ。マネジャー階層である部長〜課長がいかにマネジメント能力を発揮するかが重要である。人事考課という手法を、組織の活性化・人材の育成にいかに使えるかがポイントになる。評価能力のない管理職、部下育成能力のない管理職は排除すべきだともいえる。

　一般職員については、課長のマネジメント機能の強化が重要である。一般職員のジョブ・ローテーションなど他のツールと合わせながら、いかに事務分担をし、動機付けをし、伸ばしていくかがポイントとなる。

オ　部下の処遇に反映する人事考課を行う上司には、部下に対する説明責任がある

　公務員が給与に対する関心が少ないのは、公務という特殊性もさることながら、今までの横並び処遇の結果が大きく影響している。少額でも給与に差がつくことは自治体職員になんらかのインパクトを与え、意識改革の一手段として活用できる。

　考課を行うのも部下を育成するのも上司の責務である。上司は責任を持って部下に考課結果を説明しなければならない。繰り返しになるが、上司の説明責任は重い。

カ 面談を軽視しない

日々一緒に仕事をしていると、面談の重要性が希薄になる。「毎日話しているから、わかっている」という感覚が生じてしまう。面談は、上司と部下が改めて同じテーブルにつく「認識のすりあわせ場面」であり、今期の反省を踏まえた「次期への再出発の場」でもある。飲みニケーションがなくなった今日では、面談は重要な意思疎通の場である。それを活かして人材育成をすることが大切である。

⑤ 昇任試験制度

図表3－11の評価システムの中に、係長試験、課長試験が書き込まれている。豊田市では、1999年度に昇任試験を導入しているが、昇任試験制度の目的を「究極の自己啓発」と捉えている。難問が出される他市の昇任試験制度と違って、少し勉強すれば誰でも解けるような、とにかくやさしい試験問題にしようと考えたという。参加率を上げて、みんなが勉強する風土を作ろうとした。

ある年の出題分野は、筆記試験（市政問題から15問、時事問題から5問、行政判断から5問）［配点30%］、論述試験（管理職としての基本姿勢や課題解決能力、マネジメント力等を問う）［15%］、面接試験［25%］、人事考課［30%］となっていた。

一般の自治体の昇任試験で見られるような、地方自治法や行政法を一から勉強し、ひっかけ問題を解く能力を磨くことよりも、市政全般にわたる様々な分野（総合計画、施政方針、予算、新規条例）に通じていることが求められている。

試験導入後は、昇任年齢が3、4歳若返り、35歳くらいから係長になれるようになったという。課長級の昇任試験で受験率が8割程度、合格率が2、3割程度、係長級の昇任試験で受験率5割超、合格

率2割程度となっており、対象層の一定割合の職員が受験している。

第2章4で、昇任したがらない職員が多いという問題を取り上げたが、そこで触れた職務給の厳格化（昇任すれば給与がきちんと上がる）を進めるとともに、昇任試験制度については、受けやすい制度とすることも必要だと考えられる。

⑶ 採用・配置システム

図表3−11で、評価システムの右に位置するのが、採用・配置システムである。ここにおいても様々な工夫がなされている。

① ジョブローテーション

まず、ジョブローテーションは他の自治体と同様に行われているが、職員について、単に課の間を動かすだけではない。豊田市では市の中の業務を4系統（事務系、土木系など）、17分類（事務系の場合、企画事業系、制度管理系、住民対応系、一般管理系）にしており（**図**

図表3−16　豊田市のジョブローテーション

ジョブ・ローテーション
■単に所属課を異動させることがジョブ・ローテーションではない
■業務を4系統・17分類

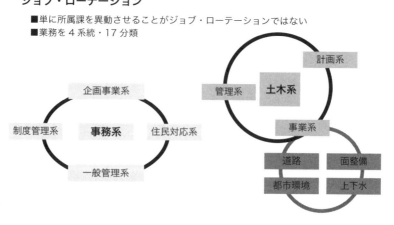

表3−16）、その中でローテーションを行って職務経験を積ませるようにしている。職員の異動部署だけでなく、行った業務まで管理しながら育成していく仕組みとなっている。

　これらの業務経験は、経歴管理台帳という人事システムの中にすべて取り込まれることになっている（**図表3−17**）。これは、上記2⑶「人材育成」の項で見た、「人事情報」に該当する。豊田市では経歴管理台帳でそれを行っている。「本年、あなたは主に何をやりましたか。2つ選びなさい」という質問で、チェックしたところに印がつくようになっている。また、研修の履歴もすべて出るようになっているし、資格情報も1枚の紙に出力できるようになっている。人事異動の内示日に、人事課の担当者が異動先の課長の所に経歴管理台帳の情報を持っていき、異動者、過去の業務経歴、資格情報を示して、○○という系統の業務経験をさせるようにと、お願いをしているという。

図表3−17　経歴管理台帳

		平成4	平成5	平成6		平成16	平成17	平成18
住民対応	①窓口対応、説明							
	②住民団体指導調整							
企画事業	③企画立案					●	●	●
	④調査研究							
制度管理	⑩法令等の運用					●	●	●
	⑪許認可							
一般管理	⑮会計処理	●	●	●				
	⑰一般庶務	●	●	●				

平成5年	行政法研修
平成8年	財務会計制度研修
平成10年	市町村アカデミー（会計処理）
平成16年	国際アカデミー（法制執務）

簿記2級
TOEIC600

ジョブローテーションにより様々な業務を経験した上で、35歳を過ぎたあたりから、複線型の人事管理へ移行することとしている。マネジャー系と、エキスパート系、いわゆる管理職系統と専門職系統とし、それぞれに応じた経歴管理システムとしている（**図表3－18**）。

そして、35歳になる前に、ジョブデザイン研修を行うことにより、職員に自分の適性を振り返る機会を与えている（次項(4)①）。

図表3－18　豊田市の経歴管理システム

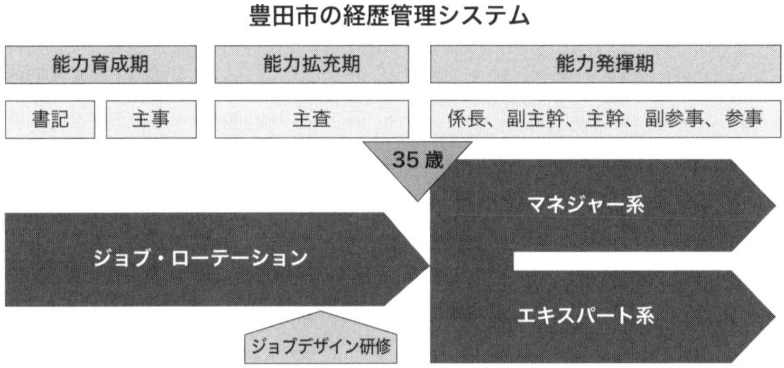

② ジョブリクエスト制度

図表3-11の採用・配置システムの真ん中やや左、「自己申告」の列にある「異動・昇任・降任・エキスパート等の希望の申告」というのは、多くの自治体で行われている異動希望などと類似のものだとも考えられるが、ユニークなのはその右、「自己実現」の列にあるジョブリクエスト制度である（**図表3－19**）。

これは、ざっくりいえば、行きたい課にエントリーして、そこの課長と面接し、実際に配置可となれば異動をかける、というものだ。具体的には、まず原課から求人依頼を人事課に提出する。人事課は集まった求人依頼をまとめて、職員を対象とする求人情報を掲示す

図表3−19　ジョブリクエスト制度

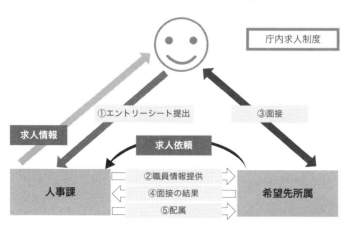

る。希望する課の求人情報があれば、職員はその課に関してのエントリーシートを人事課に提出する。人事課は職員情報を当該課に提供する。当該課は希望職員を呼んで面接を行い、その結果を人事課に通知する。面接結果が良いものであれば、人事課は当該職員を当該課に配置する、という手順となる。

　トータル人事システムの3つの基本方針の3番目、「チャレンジ精神の高揚」のところで「職員各自が挑戦したいと思うフィールドを人事が用意する必要がある」と述べたが、それを具体化する手法の一つが、ジョブリクエスト制度だといえる。

③　採用試験

　現在では、いくつかの自治体で見られるようになった「自己アピール採用」試験について、豊田市はおそらく最も早い時期、2002年度から導入している。民間企業と同じように、面接試験だけで職員を採用するものだ。地方公務員法上は、能力実証主義（第15条）

が書かれているだけで、具体的な試験方法は各自治体に委ねられている。そこで、当時、民間企業と同じような採用試験ができないかと考えて導入された。

当初は数名以内の採用とし、一般の筆記試験を重視した採用試験による採用者の比率が圧倒的に多かったが、自己アピール採用試験で採用された職員が優秀であることがわかり、その後、その比率を次第に増やしていった。

採用試験については近時さらに変化があったので、それについて言及しておこう。

まず、筆記試験について、従来型の専門試験や教養試験を課すものから、教養試験だけにし、さらに、それを廃止している。2021年度採用試験（2022年4月採用）においては、郵送方式からインターネットでの申し込み方式に変更したほか、次のように特徴を公表している。

(1)　公務員試験なし

全ての試験において、公務員試験（教養試験又は専門試験）は実施しません。

(2)　SPI検査の実施

行政職と消防職の試験において、多くの民間企業が実施している知的能力を測定するSPI検査を実施します。

（2021年3月1日豊田市報道発表資料「令和3年度豊田市職員採用試験について」）

SPI試験については、2019年度試験（2020年4月採用）から実施していたが、それを全区分に拡大したものである。2019年度試験の結果について、豊田市では次のように分析している。

実績と効果

ほぼ全ての職種で受験者数が大幅に増加しました。

(平成30年648人 ⇒ 令和元年1,254人 [93％増]

豊田市の受験者のSPI検査は、一般的な水準よりも高い結果が出ており、知的能力が高い受験者が集まりました。

3次試験のプレゼンテーションはテーマを設けなかったため、受験者の説明表現力や論理性だけではなく、思考力や独創性も確認することができました。

⇒1～3のことから、多くの受験者の中から「知的能力」と「コミュニケーション能力」のバランスに優れる有望な人材を採用できました。

内定者の声

「ずっと民間企業への就職を考えていましたが、新たな試験が実施されることを合同企業説明会で知って、豊田市の受験を決めました。」

（2020年1月7日豊田市報道発表資料「新たに導入した採用試験の結果について」）

上記の豊田市の報道資料の中で「(1)公務員試験なし」と書かれているが、それは能力試験をしないことを意味するわけではない。「いわゆる公務員試験のための受験準備をしないと受けられないような試験」は実施しないという意味である。民間企業で普通に課されている能力試験であるSPI試験は課すこととしている。

2021年度試験の具体的日程等は**図表3－20**のようになっている。

図表3－20　豊田市2021年度採用試験

・1次試験：4月25日（日）にSPI検査を行う。
・2次試験：5月中旬の指定日に、集団面接を行う（8日間の日程を予定）。
・3次試験：6月のうちの2日間登庁して個人面接、集団討論を行う（約
　3週間の日程を予定）。
　なお、SPI検査は能力検査のみを行い、出題分野は、言語的理解、数量
的処理、論理的思考としている。

　もちろん、SPI試験だけで能力判定をすることは、**第2章1**で取
り上げた、法律の知識をまったく持ち合わせていない職員を採用す
るということにもつながる。民間企業よりも法律等の制約が多い業
務を担うことが多い自治体職員としては地方自治法等の基礎的知識
は重要である。そこのところのギャップは、新採研修や能力育成期
の研修によって補うこととしている。

⑷　能力開発システム

　豊田市でも、階層別研修を置いている。そのほかに、先に触れた
ジョブデザイン研修、人材アセスメント研修、役職者マネジメント
研修などが実施されている。コロナ禍で研修が変容する前、2019
年度（令和元年度）の研修の状況は、**図表3－21**のとおりである。

図表3−21　豊田市職員研修（市長部局、令和元年度）

ア　階層別研修（職員の職位、職歴等に応じ、指定された職員が参加する研修）

	研修名	対象者	研修内容等	研修日数	受講者数
新規採用職員研修	新採研修	行政職	社会人及び地方公務員としての意識確立を図るとともに、日常業務に必要な基礎知識を習得し、職場への適応力を身につける。地方自治及び地方公務員に関する基本的制度とその実態を学ぶ。	13.5	62
	新採研修	教育保育職	社会人及び地方公務員としての意識確立を図るとともに、日常業務に必要な知識を習得し、職場への適応力を身につける。	3.5	49
	新採研修	消防職技能労務職	社会人及び地方公務員としての意識確立を図るとともに、日常業務に必要な基礎知識を習得し、職場への適応力を身につける。	2	20
能力育成期研修	アサーティブコミュニケーション研修	行政職教育保育職	相手の立場に配慮しつつ、必要なことを伝えるコミュニケーション手法を習得する。	1	94
	地方自治制度研修	行政職消防職	地方自治の基本的な仕組みを理解し、地方分権の潮流を踏まえた自治の動向や今後の課題に関する知識を習得する。	2.5	86
	3年目職員振返り研修	行政職	自己の業務経験から成長と能力を自覚し、市職員として今後の自分のキャリアについて考える。	1	50
	基礎研修	消防職	市職員及び地方公務員に関する基礎的知識を習得する。	6	22
	民法研修	行政職消防職	自治体経営や市民生活に関わりの深い民法のうち、令和2年4月に施行される改正債権法を中心とした基礎的な知識を学ぶ。	2.5	89
	仕事の段取り力研修	行政職	仕事のゴール設定の重要性や仕事の優先順位の作成方法など事業をより効果的効率的に進める方策を学ぶ。	1	48
	法務研修	行政職消防職	自治体職員として必要な法務能力の育成を図る。	4	69
	地方税財政研修	行政職消防職	市の予算執行に携わる上で必要な財務会計の実務について学ぶとともに、地方税財政の仕組みについて理解を深める。	2.5	79

研修名		対象者	研修内容等	研修日数	受講者数
能力拡充期研修	改善研修	行政職	常に業務を改善する姿勢と、それを実現する具体的な手法を習得する。	0.5	62
	住民とのパートナーシップ研修	行政職	地域自治システムを理解し、地域・市民の活動を体験することで、共働について理解を深める。	3	55
	ロジカルシンキング研修	行政職	論理的思考、問題発見、課題設定に関して学習し、課題解決能力の向上を図る。	1	62
	政策基礎研修	行政職	物事の本質を捉えて表現する能力及び政策形成のプロセス全体を学習し、政策立案の基礎能力向上を図る。	2.5	54
	説明表現力強化研修	行政職	市民や組織内部に対する説明時のポイントや注意点を学習し、説明力及び表現力の向上を図る。	1	110
	ジョブデザイン研修	行政職	自己のキャリアを見つめ直し、適性を把握した上で、自己の能力を最大限活用できる職務の方向性を確立する。	1	43
	10年目職員研修	全職種	採用後10年目の区切りの時期に当たり、改めて市民満足や公務員倫理について学び、今後の市職員としてのあり方を考える。	1	100
	チームワーク研修	全職種	フォロワーシップや後輩職員への指導について学び、チームで仕事を進めるための重要なポイントを学ぶ。	1	16
	情報力強化研修	全職種	情報を的確に収集、整理する「情報収集・分析力」を養成し、考え方や技術の理解・体得を図る。	1	12
	交渉力研修	全職種	交渉に必要な事前準備やコミュニケーションスキルなど幅広い視点から、交渉を成功に導くためのポイント・ノウハウを学ぶ。	1	28
	図解による課題解決研修	全職種	一目見て伝わる資料を作成するための表現方法・テクニックやその考え方を学び、説得力ある伝え方について理解を深める。	1	22
	公共マーケティング研修	全職種	時代の変化に対応するため、自治体におけるマーケティングの必要性や手法を学習する。	1	14

	研修名	対象者	研修内容等	研修日数	受講者数
能力発揮期研修	新任副主幹マネジメント研修	行政職	円滑な組織運営に焦点をあて、管理職に必要なチームマネジメントを学ぶ。	2	24
	新任担当長マネジメント研修	行政職	仕事の管理や部下の育成、リーダーシップの向上などに焦点をあて、監督者に必要なマネジメントを体系的に学ぶ。	2	41
	新任担当長財務会計実務研修	行政職消防職	監督職に必要な財務会計実務について学ぶ。	0.5	61
	新任主任主査級職員マネジメント研修	消防職教育保育職	その役割・責任・権限を理解することと同時にマネジメントの重要性を理解し、担当のリーダーとしてのマネジメントの基本を学ぶ。	2	21
	メンタルヘルス研修	行政職消防職教育保育職	職場のメンタルヘルス及びハラスメントに関する基本的な知識を身につけ、部下及び自身の心身の健康を守るための手法を学ぶ。	0.5	65
	新任副主幹級職員研修	消防職教育保育職	地方分権の進展や地方自治体を取り巻く諸環境の変化を踏まえ、部下の能力開発、組織文化の創造などに関する体系的な知識、能力を身につける。	2	17
	新任主幹級職員危機管理研修	行政職	管理者の重要な業務である危機管理への理解を深め、組織におけるリスクの予防・備え・対応に必要な能力を習得する。	0.5	29
	「リーダー行動強化」研修	行政職	自分自身のリーダーシップについて現状認識し、今後の自身の行動について視座を得る。	1	22
	「戦略基礎と視野拡大」研修	行政職	経営戦略を考える上で踏むべき思考プロセスなどの基本的な視点や定石を理解する。	1	22
小　計				66	1,548

イ　特別研修（希望参加、所属推薦参加、階層を越えた必須科目など）

研修名	対象者	研修内容等	研修日数	受講者数
マンツーマン指導者研修	新規採用職員のマンツーマン指導者（行政職）	新規採用職員の早期育成のため、指導者の重要性と役割を正しく理解し、指導のポイントを習得する。	1.5	54
次世代リーダー養成研修	人事課が指名する職員（行政職・消防職）	これからの自治体に求められる行政経営に必要な能力を習得し、5年後、10年後に組織をリードしていく人材を育成する。	7	15
人事考課前期研修	人事課が指名する職員	人事考課制度の円滑な運用を推進するため、制度の理解を深め、考課の仕組みや、評価技法を学ぶ。	0.5	248
人事考課後期研修	人事課が指名する職員	人事考課基準日を前に判定期間を振り返り、考課要素である「業績」「能力」「態度」についての評価の仕方を確認する。	0.5	298
再任用研修	再任用1年目の職員（技能労務職を除く）	これまでに身に着けた技術・経験を継承する視点や、立場上の変化に対応してモチベーションの維持向上を図るための手法を身に着ける。	1	37
中核3市合同研修	30歳前後の公募職員	自治体を取り巻く情勢への理解を深め、中核市の役割を認識するとともに、他自治体との意見交換を通じて、視野の拡大と意識改革を図る。	1	10
管理職講演会	管理職員	行政の遂行に必要とされる内外の幅広い知識を学び、管理職としての意識を高める。	1	755
市民満足向上講演会	所属が指名する職員（行政職）	職員がより働きやすいと感じることができる具体的な手法を学ぶとともに、市民満足向上に結び付ける事業効率化能力を養成する。	0.5	100
安全衛生研修会	希望する管理職員	心と体の健康づくりにとって有用な手法について学ぶ。	1.5	33
人権問題研修	所属が指名する職員	人権に配慮した適正な行政の推進を図るため、人権に関する意識を深める。	0.5	84
育児休業者フォローアップ研修	育児休業から復職する職員	育児休業者の復職にあたり、円滑な職場復帰を目指すための支援をする。	0.5	32
キャリアデザイン研修	行政職	ワークや先輩職員との座談会をとおして、将来の自分を想像し、理想のキャリアプランを組み立てる。	0.5	45
小　　　計			16	1,711

この中でいくつか特徴的なものを見ておこう。

① ジョブデザイン研修

先に述べたように、35歳までジョブローテーションを繰り返すが、マネジャー系に行くのか、エキスパート系に行くのかを決める一つのきっかけとして、33歳頃に、ジョブデザイン研修が設けられている。他の自治体等で行われているジョブデザイン研修は、仕事の進め方などを研修しているが、豊田市の場合は、一般にいう「キャリアデザイン研修」に近いものとなっている（**図表3-22**）。

図表3-22 ジョブデザイン研修

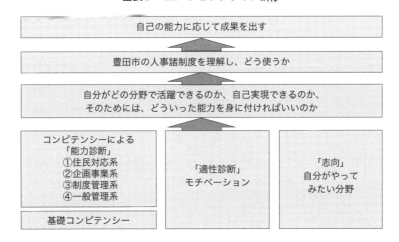

研修は「豊田市においてあなたが成果を上げられる分野はどこですか、それを自分で発見してください。」と問うものとなっている。もちろん、人事課サイドで情報は提供されるが、研修対象者にじっくりと考えてもらうものとなっている。35歳から能力発揮期に入るので、最も自己の能力に応じた成果が発揮できる分野を探求してもらうものである。

この研修では、ジョブローテーションのところで見た4つの系統でコンピテンシーを作り、その能力診断もやっている。上司である係長、課長補佐、課長の三者と、研修を受ける本人自身による能力診断である。また、適性診断として、どういうことにやりがいを感じるか、どういうものに向いているか、を診断する。さらに、本人がどういう仕事をしたいのか、という意思も出してもらう。これら3つの要素を研修の中でバインディングしてもらうことになる。

その上で、豊田市の人事制度のメニューを提示して、上記の「自己の能力に応じて成果が発揮できる分野」を探求してもらうことになる。

②　人材アセスメント研修

民間企業で取り入れられているアセスメント研修とは、対象者の職務遂行における潜在能力や資質の評価のために行われる研修であることが多い。対象者の評価を目的としている点において一般の人事研修プログラムとは異なる。

豊田市でも、部長や課長になる候補者を選抜するために、部長アセスメント研修、課長アセスメント研修を行ってきた。対象者は部長アセスメント研修の場合、副参事（次長級）2年目の職員、課長アセスメント研修の場合は、主幹（課長級）2年目の職員を対象としている。目的としては、①部長・課長として、適材を昇任させ配置する、②豊田市の求める部長像・課長像を理解させる、③それぞれに求められるコンピテンシーに照らして自分の特徴を理解する、④自分の特性を活かした貢献を理解する、となっている。

内容としては、ケースと呼ばれる事例を読んで、回答を導く演習形式となっている。ケースは民間企業の事例を扱っている。今まで

に経験したことのないような状況の事例を読み、大量の処理を短時間でやることになる。対象者に有利不利が出ないように、公務部門の事例は扱わない。読み切れないほどの資料を与えられ、その中でどれだけ重要なポイントを抽出できるのか、という能力も問われることになる。その後、ディスカッションを行い、プレゼンテーションを行った上、質疑応答に応えることになる。その過程で、その人の能力が見られていくことになる。

③ 役職者マネジメント研修

新任係長、新任副主幹、新任主幹になった段階で、役職者マネジメント研修を行っている。マネジャー層で弱いとされるようなコンピテンシーを強化するための研修である。部下による上司診断などとも連動させている。

(5) 報酬システム

豊田市では、人事考課制度導入当初から、管理職については、人事考課結果を給与に反映してきた。

「頑張ったものは報われる」「人事は変わる」という組織経営のメッセージが必要だと考えていたことが背景にある。たとえ1万円でもボーナスに差のつくことの刺激が職員に与える好影響がある。また、給与反映をしていないと、単に作業だけが増えてしまうことへの徒労感も考えられた。さらに、トヨタという世界的企業の城下町において、公務員の世界は聖域だから給与反映しない、ということでは市民の理解が得られないと考えられた。

給与反映と人材育成は対立概念ではないとし、人材育成をしつつ、給与反映も行ってきた。部長級の賞与でいうと、年間30万円ほど

の差が生じている。

4　まとめ

　自治体現場で抱えている諸課題の解決の糸口をつかむために、本章では、まず、総務省の報告書からヒントを探求していった。報告書のいくつかの提言や、民間企業の事例は、自治体においても取り入れられ得るものもある。

　ただ、それらは抽象的な「べき論」だけが書かれているものもあった。そこで、実際にトータル人事システムを動かしている豊田市役所の例を詳細に見ることによって、各自治体において参考にし得るものを探ってきた。

　豊田市では、プロ人材を確保・育成するためのトータル人事システムの構築を目指してきた。20年以上継続する制度もあれば、最近になって変容を遂げたものもある。本章では、ある一時点におけるトータルシステムとして見てもらえばいいと思う。

　図表3－12に記入してみたところ、空白が目立った自治体においても、今後新たな制度を、相互の作用をも考慮に入れつつ、導入していくことを考えられてはいかがだろうか。

〈注〉

(1)　例えば、守島基博『人材マネジメント入門』（日経文庫、2004年）。高橋俊介『人材マネジメント論』（東洋経済新報社、1999年）。

(2)　Business Process Re-engineeringの略。ビジネスプロセスを見直し、抜本的に再設計（リエンジニアリング）する手法のことをいう。

(3)　豊田市のシステムも毎年進化を遂げている。本書で言及する「豊田市のトータル人事システム」は、2002年以降、当時の人事課係長だった伴幸俊氏（人

事課のあと、秘書課、東京事務所長、市民福祉部長等を歴任。2021年現在、（公益財団法人）豊田地域医療センター理事・事務局長兼地域医療研修センター長）によって築かれ、古澤彰朗氏に引き継がれて形作られた概ね2010年前後のものを指すこととする。本節の作成にあたっては、伴幸俊氏の多大なご協力を得た。ここに記して感謝する。また、本節に掲げる図表の多くは、伴氏または古澤氏の作成によるものを転記させていただいている。

資料出所、伴幸俊「豊田市のトータル人事システム―人事制度改革は、何から手をつけるか―（JIAM研修：職員のやる気を引き出す自治体人事戦略、伴氏講演素材）https://www.jiam.jp/case/doc/0181_1.pdf

古澤彰朗「豊田市トータル人事システム」『自治大阪』2007年5月号、10－21頁。http://www.masse.or.jp/sityousonnhannndobukku/issue/h19/h19_5.html

なお、豊田市の人事考課に関しては、稲継裕昭「（連載『人財』を育てる人事評価第9回～第13回）人事評価の実例―愛知県豊田市(1)～(4)」月刊ガバナンス』2014年12月号～2015年3月号にまとめている。

⑷ 注⑶でも書いたように、本書で紹介するトータル人事システムは2010年ごろのものであるため、**図表3－11**の報酬システムのところで「人事考課による賞与査定」は「主査以下は未実施」と書かれている。だが、豊田市でもその後、地方公務員法改正に合わせる形で、ここのところは変わっている。ただ、図では（トータル図の改定版は作っていないとのことなので）当時のものをそのまま示した。

第**4**章

先進事例に学ぶ
実践のヒント

第4章では、各自治体が人事政策をトータルなシステムとして考えながら具体の施策を展開する際の参考に、人事の諸分野における先進事例を紹介し、実践へのヒントを示す。

1 [採用] ふじみ野市：採用直結型インターンシップ[1]

(1) 事例の概要

　埼玉県ふじみ野市は、2020年4月採用分の職員採用試験（2019年度実施）から、「採用直結型インターンシップ方式」を実施している（**図表4－1**）。これは、1次試験に半日実務を経験するインターンシップを課すもので、2次試験にはSPI等を、3次試験には面接と集団討論を課す。民間企業と併願しやすくすることで人材獲得競争に勝利するとともに、実際に市役所の業務を体験し、自分が働く姿をイメージできるようにすることで、内定辞退者の発生を防ごうとするものであり、対象は学生限定である。

　2020年4月採用分の場合、一般事務職の募集総枠は30名であった。そのうち25名を従来の試験方法（1次試験：面接、2次試験：教養試験等、3次試験：面接・集団討論）で選考し、残り5名を新たな採用直結型インターンシップ方式で選考した。後者の受験者数は40名、うち最終合格が7名で、その全員が市役所に入職した。

　インターンの受入れ先は、人事課が各課に照会して決定した。インターンの受入れを面倒臭がってなかなか受入れが決まらないという悩みを自治体の人事担当者からよく耳にするが、ふじみ野市の場合、最初に各部長に協力を依頼し、部長から部内各課に協力するように伝えてもらっているので、受入れ先は比較的円滑に決定した。最終的に40名の受験者があったが、予め用意していた受入れ先で賄うことができた。ただし、予想を大きく超える受験者があれば、追加で用意するつもりでいたという。

　インターン先では、各課が用意した業務に従事し、それを所属長が評価する。評価は人事課が用意した評価シートを用い、決められ

118

た評価項目を人事課の定める評価基準に従って評価する。これが1次試験の評価となる。

最終的に採用された7名について、人事課としては、インターンシップで市役所の職場を経験していることから、入庁後のミスマッチが防止できていると考えており、次年度以降も採用直結型インターンシップ方式を継続する予定であったが、新型コロナウイルス感染症の影響を受け、2021年度及び2022年度採用分の職員採用試験においては実施を見送っている。

なお、同市は採用直結型でない従来型のインターンシップも大学からの推薦者を受け入れる形で実施しているが、あくまで大学教育の一環としての職場体験である。したがって、インターン参加者がそのまま採用試験を受けてくれるとは限らないし、受験に至るようなつなぎ止めも特に行っていないため、採用への寄与はさほど大きくないものと考えているようである。

図表4−1　ふじみ野市の採用試験（一般事務、2020年度採用）

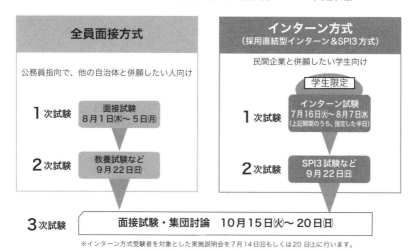

資料出所：「市報ふじみ野」2019年7月号

⑵ 解 説

　近年、民間企業の積極的な採用活動の影響を受け、自治体の採用試験の受験者数の減少が続く中、従来型の教養・専門試験を廃止し、民間企業と同じような採用手法を導入することで、民間志望者の併願を容易にする傾向が強まっている。これには安易に受験者数の増加を図ろうとするものも多いため、自治体が求める人物像とは異なる人物を誘い込むリスクを高めることになってしまっている。

　ところで、このようなミスマッチはどのようにして起こるのか。自治体は応募者の選考のため、応募者は自治体を含む就職先の選択のため、それぞれ互いの正確な情報を必要としているにもかかわらず、両者とも自らを売り込もう、良く思ってもらおうという意図が働き、自分にとって良い情報だけを提供する傾向があり、それがミスマッチを引き起こすとされる。

　したがって、両者のマッチングが的確になされるためには、双方が良い情報もそうでない情報も積極的に開示し合い、いわゆる情報の非対称性を解消することが求められる。自治体は業務内容や労働環境などを、応募者は自身の能力や公務に対する考え方などを包み隠さず明らかにし、互いに十分な情報の下で的確な判断ができるようにする必要がある。

　筆者が2018年に実施したアンケート調査によれば、採用時のミスマッチを防ぐため、パンフレットの作成、説明会の開催といった昔ながらの手法に加え、インターンシップを実施する自治体が近年目立っている[2]。インターンシップは、一定期間、自治体で実際に仕事をするものであることから、自治体職場の実態を理解してもらうには最適の手法であるといえる。

　しかしながら、インターンシップはあくまで学生の職場体験の場

に過ぎず、採用に直接結びつける自治体はこれまで見かけなかった。これは、文部科学省がインターンシップを教育目的に絞ることを原則としており、経団連などが参加した学生の情報を採用選考には使わないとしていたことも影響しているのではないかと考えられる。しかし、既にIT企業や外資系企業ではインターンシップを採用に直接活用しており、経団連もその方向に舵を切りつつある。長期のインターンシップを課すことで学生の本分である大学の授業に支障を来してはいけないが、1日程度であれば許容範囲と考えることもできよう。

　実施にあたって注意すべきポイントとしては、①受入れ体制の整備、②評価基準の徹底があげられる。

　①については、受験者が多数に上ることも想定し、多くの受入れ先を確保する必要がある。インターンシップの受入れは余計な手間がかかるため、受入れに難色を示す職場も少なくない。しかし、応募者による自己スクリーニングを促進し、選抜の精度を上げれば、良い人材の採用につながり、いずれ配属されるであろう各職場にとっての利益にもなるので、それをきちんと説明することが大事である。もちろんトップダウンで受け入れてもらうことも重要ではあるが、嫌々受け入れていたのでは受験者の心証を害することにもつながりかねない。納得して受け入れてもらうことが肝要である。

　また、②については、採用試験の一環として行う場合、評価が適切に行われる必要がある。所属長が評価をするのであれば、評価にバラツキが生じないように、評価基準を明確に定め、各所属長に評価の仕方をよく理解してもらう必要がある。人事評価と同様に考えれば円滑に導入ができるのではないだろうか。

2 [採用] 福知山市：人材確保のための採用試験等の総合的な見直し[3]

(1) 事例の概要

京都府福知山市は、近年、職員採用試験制度の改革を次々と実施してきた（**図表4-2**）。これは、「人こそが最大の経営資源」であると考え、職員課を中心に有為な人材の確保に注力してきた成果であり、その主な内容は以下のとおりである。

図表4-2　福知山市における採用試験等の新たな取り組み

年度	新たな取り組み
2011年度	「社会人試験」を導入（年齢の上限を28歳から34歳に拡大）
2015年度	「前期試験」を導入（年2回の試験）、「インターネット申込」開始
2016年度	「全員面接」を第1次試験に導入
2017年度	「SPI3試験」選択受験を導入
2018年度	「インターンシップ」本格導入（年間約100人の受入れ）
2019年度	「前期試験」、「後期試験」に加え、「追加試験」を実施
2020年度	「前期試験」実施時期の前倒し、専門人材の通年募集を開始

資料出所：福知山市ホームページをもとに筆者作成

① 採用試験の見直し

同市では、受験者数を確保するため、2011年度には年齢上限を34歳まで引き上げ、2015年度には試験の回数を2回に増やすとともに、申込みを容易にするためインターネットでの申込みを開始した。2017年度からは、従来型の教養試験の代わりにSPI3を選択可能とし、さらに2019年度は試験の回数を3回に増やしている。

このように、少しでも多くの人に受験してもらえるようにしてきたところであるが、単に受験のハードルを下げると、地域のため、

福知山市のために働きたいという意欲が低い者も引き寄せてしまう可能性がある。そこで、スクリーニングを強化するため、2016年度には第1次試験で受験者全員に対して面接を実施する「全員面接」を導入した。全員面接では、採用を担当する職員課の職員全員が面接官となり、「一緒に働きたいと思える人物かどうか」を選考基準に、受験者一人ひとりの人柄、内面、コミュニケーション力に触れることで、市職員としての適性を判断している（**図表4-3**）。

図表4-3　福知山市の採用試験の特徴

人物重視の採用	1次試験は、応募者全員と面接 2次試験は、SPI3試験の選択も可能
試験日が早い	受付は4月、1次試験は5月上旬
受験手続が便利	インターネットで24時間受付

資料出所：福知山市ホームページを一部改変

　2020年度からは、学生から試験日程を民間企業の就職活動と同時期に早めてほしいとの要望が多くあったことを踏まえ、採用試験の日程を従来に比べて1か月早めている。2021年度の採用スケジュールは、前期試験の受付申込開始が4月1日であるなど、日本一早い市町村職員採用スケジュールと言われている（**図表4-4**）。

図表4-4　2021年度前期試験のスケジュール

4月	試験職種、試験内容等の公表 受験申し込み
5月	第一次試験（面接）
6月	第二次試験（一般教養試験またはSPI3試験） 第三次試験（面接、プレゼンテーション、作文、適性検査）
7月	最終合格発表

（注）（　）内の試験科目は一般事務を対象とするもの

資料出所：「令和3年度福知山市職員採用試験案内〔前期試験〕」をもとに筆者作成

② インターンシップの導入

2018年度からはインターンシップを本格的に導入し、事前のマッチングにも力を入れている。それまでのホームページや説明会での説明だけでは、市役所の実態が十分に伝わっていなかった。市役所といえば「堅い」「事務仕事中心」といったイメージが強かったが、実際の仕事はもっと活動的で、多種多様な業務に携わることができる。そこで、日数、日程、受入れ先等を複数のメニューから選べる「セレクトインターンシップ」を導入し、多くの学生にニーズに合わせて参加してもらい、職場としての市役所の実像をより良く知ってもらうようにした（**図表4－5**）。

セレクトインターンシップには、1週間かけて様々な部署を体験する「1WEEKインターンシップ」と、半日程度の職場体験を含め1日で市役所の仕事の概要を知る「1DAYプログラム」がある。2021年度の場合、前者には5つの日程（コース）が設けられ、それぞれ異なる受入れ職場が用意されている。また、後者も2つの日程が用意され、インターン希望者のニーズに合わせて選択が可能になっている。これが一般行政職、技術職、そして消防士のそれぞれについて用意されるなど（消防士は1WEEKインターンシップのみ）、かなりバリエーションに富んだメニューとなっている。

インターンシップの日程には、若手職員との交流や出身学校の先輩との意見交換（OB・OG訪問）の機会も含まれており、至れり尽くせりの内容となっている。このような手厚い対応のためか、2019年度の参加者数は100人に達した。市外からの参加者もかなり存在し、インターンシップを経験後、実際に採用試験を受けて採用にまで至った者の中には、福知山市に縁もゆかりもなかったにもかかわらず、インターンシップで同市の良さを認識したことが同市役所に

図表4－5　2021年度インターンシップの概要（一般行政職）

【一般行政職版】申込期限　令和3年6月25日（金）

～市役所業務を知りたいなら、インターンシップ参加は必要不可欠です～

様々な部署に挑戦できる

1WEEKインターンシップ　各回午前8時30分～午後5時15分

Various Challenges －様々な部署を体験－

コース	受　入　期　間	内　　　容
A日程	令和3年8月2日（月） ～8月6日（金）	庁舎見学、若手職員との懇談、業務体験（人材育成部門、まちづくり部門、産業観光部門など）
B日程	令和3年8月16日（月） ～8月20日（金）	庁舎見学、若手職員との懇談、業務体験（文化・スポーツ部門、産業観光部門、大学連携部門など）
C日程	令和3年8月23日（月） ～8月27日（金）	庁舎見学、若手職員との懇談、業務体験（産業観光部門、人材育成部門、大学連携部門など）
D日程	令和3年8月30日（月） ～9月3日（金）	庁舎見学、若手職員との懇談、業務体験（まちづくり部門、産業観光部門、大学連携部門など）
E日程	令和3年9月6日（月） ～9月10日（金）	庁舎見学、若手職員との懇談、業務体験（まちづくり部門、人材育成部門、大学連携部門など）

＊受入数は各回12名までとし、応募多数の場合は選考を行います。

> 1WEEKインターンシップは色々な部署の仕事をより深く知ることができる！！

福知山市のイメージキャラクター
酒呑童子

福知山市を身近に感じることができる

1DAYプログラム　各回午前8時30分～午後5時15分

コース	受　入　日	内　　　容
G日程	令和3年8月10日（火）	庁舎見学、フィールドワーク、 福知山市を考える、若手職員との懇談
H日程	令和3年8月18日（水）	庁舎見学、フィールドワーク、 福知山市を考える、若手職員との懇談

＊受入数は各回12名までとし、応募多数の場合は実習生調書による選考をします。

注意事項

＊受入部門は、変更になる場合があります。
＊上記以外の日程を希望される場合は、御連絡ください。（必ず対応出来るとは限りません）
＊その他、何かございましたら事務局まで御連絡ください（例：日数を変更してほしい等）

資料出所：福知山市「令和3年度セレクトインターンシップ」パンフレット

入る決め手となった者もいるという。

　なお、同市のインターンシップは、大学の夏休み期間に合わせ、すべて8月から9月上旬の間に実施されるため、学業への影響もない。また、市外からの参加者には、希望があれば市内の空き家を紹介して宿泊させるなど、地方創生を意識した対応も併せて行われている。

③　専門人材の通年採用等

　このような主に新卒採用向けの取り組みに加え、専門的な知識・経験等を有する人材の中途採用にも力を入れている。2020年度には、専門人材を年齢制限を設けず通年で募集・採用する「専門人材職員採用試験」を開始した。予め採用分野を定めず、エントリーシートによる自己推薦型とし、幅広い人材を集めようとする点が特色である。試験は、1次試験：書類（エントリーシート）選考、2次試験：面接、3次試験：SPI3、4次試験：最終面接（理事者面接）の4次にわたる。初年度から復興庁や自治体での勤務経験を持つ司法書士を用地業務のスペシャリストとして採用するなど、幸先の良いスタートを切っている。

　また、このほかにも弁護士や鳥獣対策員を任期付で募集したり、災害予防・災害対応のため元気象庁気象予報官を嘱託職員で採用したり、不登校支援のため社会福祉士を嘱託職員で採用したり、さらには、産業振興・地域活性化のエキスパートとして、ANA総合研究所から3年間の派遣を受けたり、あらゆる手法を駆使して専門人材の確保に注力している。

④ 採用広報の充実

　様々な取り組みを行うだけでなく、対外的なPRも積極的に展開されている。市の職員採用サイト「ふくナビ」を開設し、採用試験案内のほか、インターンシップや採用ガイダンスの案内、合同説明会への出展状況、市の目指すべき職員像や人材育成方針などの情報を一元的に発信しているほか、メールアドレスを登録すれば、登録した年度とその翌年度の間、採用試験、インターンシップ、採用ガイダンスなど福知山市の採用活動に関する情報を随時受け取れるようにもしている（**図表4−6**）。また、様々なメディアに積極的なアプローチを続け、公務員試験受験情報誌『公務員試験受験ジャーナル』が特集記事を組むなど、多くの成果を生んでいる。

図表4−6　福知山市職員採用サイト「ふくナビ」

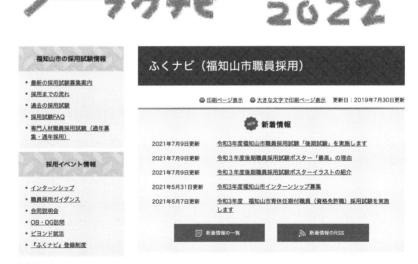

資料出所：https://www.city.fukuchiyama.lg.jp/site/syokuinsaiyou/

127

⑤ コロナ禍での新たな取り組み

　良い人材を確保するため、学生等のニーズに敏感かつ柔軟に対応してきたが、その姿勢はコロナ禍でも発揮された。

　代表的な取り組みとして、まずは、「オンラインによるOB・OG訪問」があげられる。福知山市役所への就職を考えている学生向けに、同じ出身学校のOB・OG（先輩職員）を紹介し、採用試験を受ける前に「市役所の仕事・雰囲気」や「就職後の生活」等についてOB・OGに質問できるサービスである。これにより、コロナ禍で情報不足に悩む学生を支援するとともに、市役所についてよく知ってから応募することになるため、採用後のミスマッチを防ぐことが期待できる。

　また、オンラインで市役所の仕事の一端に触れることのできる「ビヨンド就活」というサービスも用意されている。市役所の職員になったという設定で、与えられた課題の企画をまとめて提出すると、市の担当職員がその内容を評価し、コメントを付けて返信してくれる。さらに、優秀な企画を提出した学生は、市主催のオンラインサロンに招待されるという仕組みになっている。

(2) 解　説

　ふじみ野市の解説にも記したとおり、近年は採用試験の受験者数が減少傾向にあるため、各自治体はあの手この手を使って受験者数の増加に努めている。しかし、それにより求める人物像とは異なる人物まで引き寄せるリスクが生じるため、自治体と受験者とのマッチング（自治体によるスクリーニング、受験者による自己スクリーニング）が適切に行われるようにする必要がある。

　福知山市の場合、受験しやすくする手法を次々と展開する一方で、

全員面接やインターンシップの導入により、適切なマッチングが行われるように留意している点が秀逸である。職員課によれば、受験者数も順調に推移し、優秀な人材を実際に確保できているという。

また、新卒だけにとどまらず、専門人材の確保にも力を入れ、特に自己推薦型の通年募集・通年採用を導入したことは特筆に値する。分野と時期の両面で門戸を広げたことで、優秀な専門人材を確保できるようになり、新卒と合わせて多様な人材が質・量ともに十分に採用できるようになった。

インターンシップの受入れには関係各課の協力が欠かせない。福知山市では、職員課長が市長にお願いし、ことあるごとに市幹部に採用活動の重要性を説いてきたという。また、職員課では、インターンの学生に「ふくナビ」で配信する現役職員インタビュー記事の作成を体験させ、志望者目線での記事を書いてもらうなど、受入れのメリットが見えるような工夫もなされている。さらに、インターンシップ参加者には、その後もこまめにメールを送るなど、つなぎ止めの工夫もなされている。これらに表れているように、職員課の強い熱意が成功の鍵であったといえよう。

インターンシップを充実させた結果、合格者に占めるインターンシップ経験者の割合が高まり、2020年度は半数を超えた。インターンシップに参加した結果、志望動機が明確になり、ぜひ入りたいとの意欲が高まって、採用試験の準備も頑張るようになり、面接でもその熱意が評価されるという好循環を生んでいる。また、採用前にマッチングが十分に行われることから、インターンシップ経験者が採用後に離職したケースはこれまでなく、離職防止の観点からも非常に有効であると考えられる。

3 [人事評価] 池田市：人事評価制度[(4)]

(1) 事例の概要

　大阪府池田市は、2016年度から技能職員や会計年度任用職員（2019年度までは臨時的任用職員）を含めた全職員を対象とする新たな人事評価制度を導入している。同市は元々、人事評価を2006年度から試行的に導入し、2012年度からは本格的に実施していた。

　2014年度に地方公務員法が改正され、新たな人事評価制度の導入が謳われたことを受け、2015年度には庁内で研究会を組織し、新たな人事評価制度の構築を進めてきた。その結果を踏まえ、2016年度から新たな人事評価制度が導入され、数値化方式を簡素に改良した「池田市モデル」が用いられた。

　新人事評価制度の導入にあたっては、「100％納得のいく制度はない」との認識のもと毎年見直すことを前提としており、評価シートに改善提案記入欄を設け、職員の意見を踏まえて毎年見直しを行うこととした。また、やらされ感を払拭するため、目的を明確化した。組織としては、目標の管理によりチーム力をアップさせ、現場実践力を向上させる「自治力アップ」、個人としては、キャリアデザインを応援し、やりがい・生きがいを向上させる「職員力アップ」を目指し、最終的には住民サービスの向上につなげようとするものである（**図表4－7**）。

　この2つの目標達成に向けて、2つの評価手法が用いられる。前者については、「業績評価」により組織目標と連鎖した個人目標の達成に誘導し、後者については、「能力評価」により組織の求める行動に誘導する。業績評価は「評価期間における達成実績」を評価するもので、職員各自が必達目標を設定し、レベルと達成度で評価

点を判定する。能力評価は「評価期間における発揮能力」を評価するもので、減点方式で評価される（**図表4−8**）。いずれも年度内に2回、上期と下期にわけて実施される。

図表4−7　池田市の人事評価の目的

【目的】	人事評価の1次的な目的

・業績評価で、組織目標と連鎖した個人目標の達成に誘導（**目標を必達させる**）
　⇒　**組織（政策）マネジメントに活用（自治力アップ）**
・能力評価で、組織の求める行動に誘導
　⇒　**個人（人事）マネジメントに活用（職員力アップ）**
・評価プロセスを通じたマネジメント能力のアップ
・目標達成のための努力による実務能力のアップ
・恣意的な昇任・昇格の抑制

⇒　**自治経営に活用**

人事評価の2次的な目的

・いきがい・やりがい・達成感を与える⇒　**職員の満足度につなげる**
・給与反映　⇒　**モチベーションアップ**

究極の目的		自治力、職員力を高め、住民サービスを向上

資料出所：池田市「平成30年度版人事評価制度活用ガイド　本編（V1.1.0）」（2018年）

図表4−8　池田市における業績評価と能力評価

業績評価	能力評価
〔組織の目標を必達させるための制度〕	〔組織の求める行動に誘導するための制度〕
評価期間における達成実績を評価し、過去の経過は加味しない	保有能力ではなく、**評価期間における発揮能力**を評価し、人間性や人格は加味しない
組織目標と連鎖や、事務分担を意識しながら**必達目標**を各自で設定し、レベルと達成度で評価点を判定する目標管理を導入（PDCAサイクル）	職員として求められる能力水準を標準点とし、満たない場合に減点する方式を導入
	評価項目を人材育成基本方針とリンクさせることで、職員の**行動誘導**を図る
日頃の情報共有や指導・助言に加え、目標設定時や評価時の面談を用い、コミュニケーションをとり進行を管理する	職員の仕事ぶりを正しく把握、仕事を通じて職員を育成する（OJTの実践）
目標達成確認シート…全職員共通	**発揮能力確認シート**…職種・職階別19種

資料出所：池田市「平成30年度版人事評価制度活用ガイド　本編（V1.1.0）」（2018年）

業績評価には、全職員共通の目標達成確認シートが用いられ（**図表4－9**）、期首に目標を設定し、期末にその達成度（あげた業績）について評価する。目標の設定は、①各所属が年度目標を設定、②被評価者が個人目標の検討内容を1次評価者（直近の上司）に提出、③期首面談にて個人目標を確定、④部内及び連絡調整会議にて目標のレベル等を調整、の流れで行われる。

　個人目標の設定にあたっては、特別な業務や課題ではなく、「やるべき仕事の内容」と「その成果」を明確にすることで、業務の遂行を自己管理していくものと位置付け、高い目標が損、低い目標が得といったことがないように、確実な目標設定と高い水準での達成を目指す。目標のレベル設定については、困難度、貢献度、優先度の3つの視点をもとに、S～Cのいずれかにレベルを設定する。

　各評価者は、「達成度判定基準表」（**図表4－10**）により、設定目標がどの程度達成されたかを、客観的事実に基づいて、区分（T1：最高評価、T2、T3：標準、T4、T5：最低評価、N：未着手）を用いて評価する。この達成度と前述の目標レベルを「評価点算出表」（**図表4－11**）に当てはめて素点を求めた上で、目標の個数に応じた按分を行い、評価点が算出される。

　能力評価には、職種・職階別19種の発揮能力確認シートが用いられる（**図表4－12**）。評価対象は、職務の遂行において発揮された「能力や職務への取組姿勢・態度」である。あくまで保有能力ではなく、評価期間における発揮能力を評価し、人間性や人格は加味しない。評価にあたっては、標準的な行動をとっていれば標準点が与えられ、標準に満たない行動が見られた場合には、その程度段階に応じて減点される。なお、各職階において特に求められる能力（例えば管理職はマネジメント力、一般職は自己開発意欲、再任用は伝

図表4－9　目標達成確認シート

目標達成確認シート	有効目標数	被評価者所属	職員番号	補職／氏名	1次評価者　補職／指名	2次評価者　補職／指名
平成30年04月01日　～　平成30年09月30日	4					

	目標	内容	自己評価	1次評価	2次評価
当初1	目標（事業／業務）	目標の具体的内容（以下に記載の行動をとり、目標を達成した場合にT3となる）	達成度／点数	達成度／点数	達成度／点数
	達成期限／レベル		コメント T3以外とする場合は必須	コメント 自己評価と異なる場合は必須	コメント 1次評価と異なる場合は必須
	レベル設定の理由	上位達成度の判定基準（可能性がある場合に記入する） T1 T2			
当初2	目標（事業／業務）	目標の具体的内容（以下に記載の行動をとり、目標を達成した場合にT3となる）	達成度／点数	達成度／点数	達成度／点数
	達成期限／レベル		コメント T3以外とする場合は必須	コメント 自己評価と異なる場合は必須	コメント 1次評価と異なる場合は必須
	レベル設定の理由	上位達成度の判定基準（可能性がある場合に記入する） T1 T2			
当初3	目標（事業／業務）	目標の具体的内容（以下に記載の行動をとり、目標を達成した場合にT3となる）	達成度／点数	達成度／点数	達成度／点数
	達成期限／レベル		コメント T3以外とする場合は必須	コメント 自己評価と異なる場合は必須	コメント 1次評価と異なる場合は必須
	レベル設定の理由	上位達成度の判定基準（可能性がある場合に記入する） T1 T2			
当初4	目標（事業／業務）	目標の具体的内容（以下に記載の行動をとり、目標を達成した場合にT3となる）	達成度／点数	達成度／点数	達成度／点数
	達成期限／レベル		コメント T3以外とする場合は必須	コメント 自己評価と異なる場合は必須	コメント 1次評価と異なる場合は必須
	レベル設定の理由	上位達成度の判定基準（可能性がある場合に記入する） T1 T2			

▼追加・変更1/2の欄は、業務遂行期間中に緊急の業務を指示された場合等の追加や、対象業務自体が廃止された場合の目標差替えを目的に使用す . 同欄を使用した場合は、評価時の部内調整会議においてレベル設定の報告及び評価の決定を行う。▼

	目標	内容	自己評価	1次評価	2次評価
追加・変更1	目標（事業／業務）	目標の具体的内容（以下に記載の行動をとり、目標を達成した場合にT3となる）	達成度／点数	達成度／点数	達成度／点数
	達成期限／レベル		コメント T3以外とする場合は必須	コメント 自己評価と異なる場合は必須	コメント 1次評価と異なる場合は必須
	レベル設定の理由	上位達成度の判定基準（可能性がある場合に記入する） T1 T2			
追加・変更2	目標（事業／業務）	目標の具体的内容（以下に記載の行動をとり、目標を達成した場合にT3となる）	達成度／点数	達成度／点数	達成度／点数
	達成期限／レベル		コメント T3以外とする場合は必須	コメント 自己評価と異なる場合は必須	コメント 1次評価と異なる場合は必須
	レベル設定の理由	上位達成度の判定基準（可能性がある場合に記入する） T1 T2			

	自己評価	1次評価	2次評価
目標達成確認シート合計点			
発揮能力確認シート合計点			
目人事評価　総合評価点			

シートの目標設定欄には、T3標準及びT2以上の上位達成判定基準欄があり、高評価となるための状態を期首に確定しておくことで、評価時に判断しやすく、達成に向けたモチベーション向上が図られている。

資料出所：池田市「平成30年度版人事評価制度活用ガイド　別冊参考資料（その2）（V.1.0）」（2018年）

図表4－10　達成度判定基準表

区分	程度	内容例
T1	目標を大きく上回って達成	・目標に明記した期日より相当早く達成し、そのことによりコスト面や市民サービスに大きく貢献した ・目標に明記した内容より相当高い水準であった ・目標に明記した数値を大きく上回った
T2	目標を上回って達成	・目標に明記した期日より早めに達成し、そのことによりコスト面や市民サービスに貢献した ・目標に明記した期日どおりに達成し、明記した内容より高い水準だった ・目標に明記した数値を上回った
T3（標準）	目標をほぼ達成	・目標に明記した期日、内容どおりに達成した ・途中多少の遅れはあったものの、最終期限には間に合う形で、目標に明記した内容どおりに達成した ・目標に明記した数値とほぼ同じだった ・概ね適正に処理し、業務遂行に支障がなかった
T4	目標を下回った	・目標に明記した内容は達成したが期日が遅れた ・目標に明記した期日どおりだが、明記した内容に満たない水準だった ・目標に明記した数値を下回った ・所定の期日に間に合わないなど、業務を適正に処理できなかった
T5	目標を大きく下回った	・目標に明記した期日よりも遅れ、明記した内容に満たない水準だった ・目標に明記した数値を大きく下回った
N	未着手	

資料出所：池田市「平成30年度版人事評価制度活用ガイド　本編（V1.1.0）」（2018年）

図表4－11　評価点算出表

レベル ＼ 達成度	T1	T2	T3（標準）	T4	T5	N
S	110	90	70	50	30	0
A	95	80	60	40	25	0
B（標準）	80	65	50	35	20	0
C	65	50	40	30	15	0

評価点は、レベルB（標準）の目標でも高い水準（T2）で達成することで、レベルAの標準達成より評価が高くなるよう配点されており、レベルBの多い所属や担当業務による不公平感をなくしている。

資料出所：池田市「平成30年度版人事評価制度活用ガイド　本編（V1.1.0）」（2018年）

図表4－12　発揮能力確認シート（事務・技術　一般職）

発揮能力確認シート　事務・技術　一般職
平成30年04月01日　～　平成30年09月30日

被評価者所属　職員番号　補職／氏名　1次評価者　補職／指名　2次評価者　補職／指名

項目		内容・程度【◎加点、①標準（網掛け）②減点A　③減点B】（人材育成基本方針等により、職種・職階に応じ、特に必要な能力が加点項目になっています）	配点
服務規律	①	下記のいずれにも該当しない場合。	6
	②	職場の士気を低下させるような服務規律に反する行為が見られる。	4
	③	②の事項について、改善されない。	2
知識・技術	①	職務遂行に必要となる知識・技術を有しており、それを活用して業務を正確かつ円滑に処理している。	6
	②	知識・技術の不足により、他からのサ	
	③	②の事項について、改善されない。	
事務処理	①	次の（A）（B）ともに該当する。（A） ことがない。	
	②	①の（A）（B）について、いずれかが	
	③	①の（A）（B）について、いずれかも	
説明応対	◎	適切な言葉遣いや明快な説明による応	
	①	適切な応対や、相手の理解度に合わせ	
	②	不適切な言葉遣いや説明不足により、	
	③	②の事項について、改善されない。	
チームワーク	◎	自身の業務に支障をきたすことなく、	
	①	闊性や依頼があれば協力し、課全体の	
	②	チームワークに支障を来す非協力的な行為が見られる。	5
	③	②の事項について、改善されない。	3
課題解決・改善実行	◎	①の事項に加え、提案内容を実践に移している。	9
	①	次の（A）（B）ともに該当する。（A）積極的に日常業務の中から新たな改題を発見している。（B）課題の解決や改善につながる具体的な考えや意見を述べている。※課題解決・改善実行位置は①が標準です。	7
	②	①の（A）（B）について、いずれかが該当しない。	5
	③	①の（A）（B）について、いずれかも該当しない。	3
自己管理	①	自身の担当業務の量や期限を理解し、進行管理をすることで、勤務時間内に業務を終えられる、又は計画立った時間外勤務をしている。	6
	②	自身の担当業務の量や期限を理解できていない、又は進行管理ができないことで、場当たり的な時間外勤務をすることがある。	4
	③	②の事項について、改善されない。	2
自己開発	◎	①の事項に加え、職員としての資質向上に有用な資格等を自ら率先し取得した。	8
	①	次の(A)(B)ともに該当する。(A)自身に要求されている知識・技術や能力を自覚し、専門知識を高める努力やキャリアアップを図る意識がある。B）提供された研修機会に対し、積極的に受講している。※自己開発は①が標準です。	6
	②	①の（A）（B）について、いずれかが該当しない。	4
	③	①の（A）（B）について、いずれかも該当しない。	2
合計点			

点数	配点		1次評価 点数	2次評価 点数	配点	
	必須	自己評価に関するアピール 日頃感じていること			必須	自己評価に関するアピール 日頃感じていること
	任意	チャレンジしていること			必須	今後の育成ポイント 期待すること
	任意	人事評価制度への改善案・意見			2次評価者 任意	総括

【キャリアやスキル（任意、自由記述）】～「これから3年」で望むキャリアやスキル「その後」に望むキャリアやスキル～

田市の人事評価制度は、毎年見直すことを前提としています。みなさまのご意見により改善して参ります。

評価者への注意事項】
談を部下育成の最重要機会と捉え、組織力アップや育成ツールとしてご活用ください。また、正しく評価・調整きない評価者は、自身の評価が低くなることに留意してください。

キャリアやスキル」欄】
田市の人事評価制度は、チームづくりの応援により、自治力を高め、個人のキャリアデザインの応援によって職力を高めることで、「質の高い行政サービスの提供」の実現を目的としています。
事評価制度を、自ら振り返る機会と捉え、今後の目指すキャリや、受講したい研修・取得した資格等についてご入ください。
た、評価者は左記及び研修受講履歴を基に、被評価者のキャリアアップ・実務能力アップへの支援・アドバイスしてください。

シートには、「日頃感じていること」「人事評価制度への改善提案・意見」「これから3年で望むキャリアやスキル」などの記入欄があり、面談時に活用するコミュニケーションツールとなっている。

資料出所：池田市「平成30年度版人事評価制度活用ガイド　本編（V1.1.0）」（2018年）

承など）において標準を上回る能力を発揮した場合には、該当項目に加点できることとされている（**図表4－13**）。

図表4－13　能力評価の評価項目と配点

＊1　（　）内は保育士／技能職　＊2　（　）内は消防署

項目 ◎加点／①標準／②減点A／③減点B	一般職 ◎	①	②	③	再任用 ◎	①	②	③	監督職 ◎	①	②	③	管理職 ◎	①	②	③
服務規律		6	4	2		6	4	2		5	3	1		5	3	1
知識・技術		6	4	2		6	4	2		5	3	1		5	3	1
事務処理（保育実践力／業務処理）＊1		6	4	2		6	4	2								
管理・監督									7	6	4	2		8	6	4
説明応対（消防活動）＊2	8	6	4	2		6	4	2								
情報共有										6	4	2				
情報共有・発信														8	6	4
折衝・判断（消防活動）＊2										6	4	2		8	6	4
チームワーク	9	7	5	3	9	7	5	3		5	3	1				
課題解決・改善実行	9	7	5	3	8	6	4	2								
企画・立案									7	6	4	2	9	8	6	4
自己管理		6	4	2		6	4	2								
自己開発	8	6	4	2						5	3	1				
伝承					9	7	5	3								
指導・育成									8	6	4	2	9	8	6	4
最高点／標準点の合計	**58/50**				**56/50**				**54/50**				**52/50**			

資料出所：池田市「平成30年度版人事評価制度活用ガイド　別冊参考資料（その2）（V1.1.0）」（2018年）

　評価に際しては、より公平な評価となるよう、目標設定時に部内調整会議及び連絡調整会議を、評価確定時に部内調整会議を開催し、調整を行っている。その結果、確定した業績評価と能力評価の合計を総合評価点とし、被評価者に通知されるとともに、人材育成、昇給、昇任・昇格等に活用・反映される。

⑵　解　説

　池田市の人事評価の特徴としては、①簡素な制度、②達成度重視

の配点、③ルーティンワークに配慮した配点などがあげられる。これらは、制度が複雑で十分に理解されないまま大きな負担感を抱えて実施されていること、目標レベルの設定により不公平感が生じること、高い目標を達成するため自己中心的な行動が増加することなど、民間で見られる不具合を踏まえてのものである。

　また、④制度構築時に公募メンバーによる庁内研究会での議論を経ていること、⑤所属目標等を可能な限りオープンにしていること、⑥見直し前提でスタートしていること、なども特徴的である。いずれも制度の信頼性を確保するための工夫であり、評価シートに記入された質問・提案や人事課に対する照会などをもとに詳細なQ&A集[5]も作成されている。

　このように、池田市の人事評価には、職員が十分に納得して無理なく取り組めるよう、様々な工夫が凝らされている。いくら精緻な制度を構築しても、職員が難しく感じ、また、やらされ感や負担感があっては、制度が意図するとおりの効果は得られない。この点で池田市の制度は抜きん出ているといえよう。

　さらに最近は、マネジメント能力向上のための人事評価サブシステムも導入されている。これは、課長以上の職員が、部下による評価等を参考に、自身のマネジメント能力を向上させるマネジメントチェックシステムと、コミュニケーションの促進や組織活性化、コンプライアンスの観点から、双方向からの希望面談を可能とする面談サブシステムから成る。これにより、風通しの良い組織を作り、メンタル不調の予防を図るとともに、人事評価制度をより公平・公正に行い、コンプライアンス違反の防止を図ろうとするものである。このような不断の見直しが、人事評価をより効果的なものとしているのである。

4 [異動・昇任] 神奈川県：キャリア選択型人事制度[6]

(1) 事例の概要

　神奈川県では、職員の主体性を重視した人材育成を進めている。2010年度には、職員が意欲を持って、積極的にキャリア開発に取り組むことができるよう、主に事務系の職員を対象に、職員が主体的に専門とする職務分野を選択する「キャリア選択型人事制度」を導入した（**図表4−14**）。これは、2009年10月に同県が策定した「新しい人材育成マスタープラン」に基づく人事制度改革の一環であり、一人ひとりの職員が専門性と使命感を持つプロフェッショナルとして、能力や適性に応じて自らキャリアプランを立て、それに基づき中長期的な視点から、主体性を持ってキャリア開発（能力開発や職務経験）に取り組むものである。

　同県では、仕事に必要な様々な知識や経験を身につけるため、最初の10年間を能力開発期間と位置付け、概ね2部局3課（所）を目安に人事異動を行っている。この間に本庁と出先機関の双方を経験することが多く、その後も本人の希望も取り入れながら人事異動が行われる（所属や職務の状況により、必ずしもこのサイクルの異動ではない場合もある）。

　このように入庁後に一定期間、経験を積んだ後、自身の将来像・理想とする姿の実現に向けて、今後どのようにキャリア開発に取り組んでいくのかをキャリアプランとして計画する。その後はその際に選択した職務分野を軸として人事配置が行われることになる。

　このキャリア選択型人事制度は、主に5〜10年目の事務系の職員が「自ら・主体的に」キャリアを選択し、研修や実務を通じて専門性を高めていく仕組みであって、導入時には全国の自治体から大き

な注目を集めた。導入にあたっては、全所属にキャリア相談担当者を設置し、キャリア相談・面接を実施するとともに、外部のキャリアカウンセラーによるキャリアカウンセリングを実施するなど、職員が自らのキャリアを考えるための様々なサポート体制が整備された。

図表4−14　神奈川県のキャリア選択型人事制度の概要

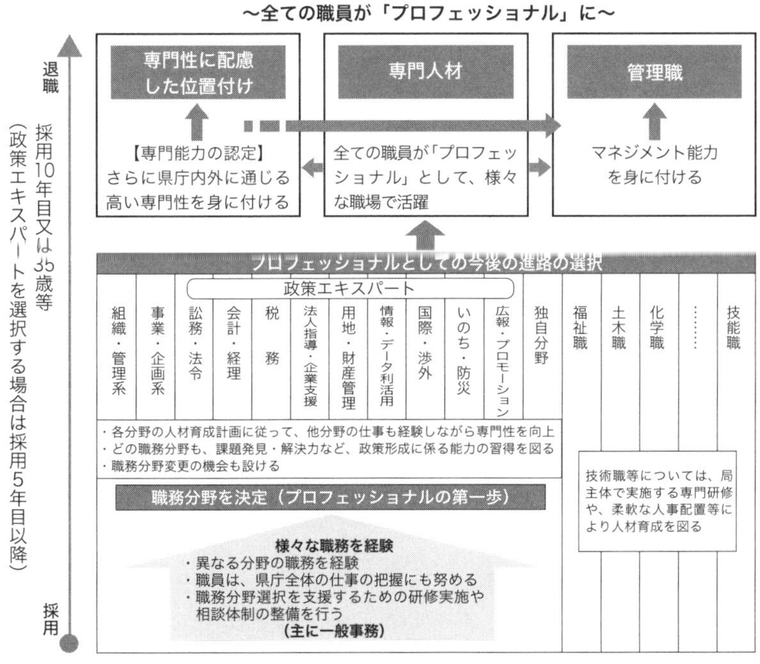

〜全ての職員が「プロフェッショナル」に〜

資料出所：「2021 神奈川県職員採用案内」

　キャリア選択型人事制度の導入から10年以上が経過したが、その後も職員アンケートの結果を踏まえ、入庁前の経験年数等を踏まえた柔軟な制度設計や、職務分野との一致をより意識した人事異動に取り組むなど不断の見直しが行われている。現在では、自らの能力を振り返り、今後のキャリア形成について考え、実現につなげる

キャリア研修（初期、中期、後期）も実施されており、初期は入庁5年目、中期は10年目、後期は45歳時に受講することとされている。

(2) 解　説

　自治体では、係長、課長、部長などいわゆるラインのポストに昇進していくことを前提とした画一的な人事管理システムが一般的である。そのため、特に事務系の職種では、適齢期になったときにどのような管理職にも就けるよう、入庁後しばらくの間は比較的短期間での異動を繰り返し、様々な分野の仕事を経験させるジョブローテーションが行われる。しかし、このようなジェネラリスト型の人材育成には、近年、様々な問題が指摘されている。例えば、住民ニーズの多様化・複雑化が進み、高度の専門的知識が必要とされるようになったことに加え、異動の範囲が広いため職員本人がやりたい仕事に携われる可能性が低く、職員のモチベーションを高く保つことが難しいことなどがあげられる。

　そこで、これまでの画一的な人事制度（単線型人事制度）に加え、専門的な業務を極める人材を専門職として処遇し、多元的な人事管理を行う「複線型人事制度」を導入する自治体が現れるようになった。神奈川県の場合、ジェネラリストとして管理職を目指すか、スペシャリストとして特定分野の業務に従事することを目指すかだけでなく、スペシャリストを目指す場合にその職務分野まで自身で選択できる点に特徴がある。職員一人ひとりが主体的に自らのキャリアパスを考え、その実現のために主体性を持ってキャリア開発に取り組むことで、やりたい仕事に携わりたいという希望を満たすことができ、職員のモチベーションを高める効果が期待できる。

　複線型人事制度には、前述の①職員のモチベーション向上のほ

か、②希望する分野に長く在籍し、同じ分野の業務に長く従事することで、専門的な知識や経験の効率的な蓄積が可能になること、③単線型人事制度では管理職を目指すコースしか用意されていないためポスト不足の問題が生じるが、多様なキャリアパスを用意することでそれが解消されること、④プレイヤーとして優秀でも管理職には向かない職員に対しても適切な処遇が可能になること、⑤昇進を目指す場合にはプライベートへのしわ寄せが生じることも少なくないが、昇進以外の選択肢を用意することで、自身のライフスタイルに合わせたキャリア選択が可能となることなど、多くの効果が期待できる。

ただし、複線型人事制度の導入は簡単ではない。人事制度を複線化すれば、それに合わせて給与体系や人事評価のあり方なども見直す必要が生じる。職務分野によって求められる能力が異なるため、評価項目と評価基準をそれぞれ設定する必要があるが、その際には職務分野間のバランスにも留意する必要がある。また、級別定数の管理も複雑になり、級別の人員構成にアンバランスが生じないよう留意する必要もある。主体的・自発的なキャリア形成には、研修やカウンセリングの充実も欠かせない。このように、複線型人事制度の導入に際しては、人事制度全体の見直しが必要となるため、綿密な検討と準備が求められる。

神奈川県のキャリア選択型人事制度は、職員の主体的なキャリア選択権を認めることで、やらされ感を抱くことなく主体性を持った人材育成を図ろうとするものであった。個々の職員の能力を最大限に発揮させることができれば、組織としても職務能率と生産性の向上が期待できる。導入までの準備には相当の労力を必要とするが、今後の人事管理のあり方として一つの有力な選択肢となろう。

5 ［人材育成・能力開発］藤枝市：
　　人財育成の取り組みと人財育成センターの設置[(7)]

⑴　事例の概要

　静岡県藤枝市では、「いかに職員の士気を上げるか」を重点戦略として、2011年から市の新しい公共経営の一環として職員の「人財」育成に注力している。同市が人材ではなく「人財」と表記しているのは、職員を行政経営のための重要な資源、財産と位置付けているためである。

　同市では、ジェネラリストとスペシャリストの両方を兼ね備えた「スペシャル・ジェネラリスト」の育成を目指している。市民生活の全般を支える市職員には、豊かなヒューマンスキルにより市民のニーズを的確に捉え、幅広い知識により、市政全般を把握して適切に市民サービスを行うことが求められる一方で、市民の期待に確実に応えるには、職員に専門的な知識と情報、そして技術が必要になる。そこで、豊かなヒューマンスキルや幅広い知識・能力（＝総合力）をベースとし、その上に各職員が得意とする特定分野の専門的な知識・能力（＝専門力）を持つことが強く求められるというのが同市の考え方である（**図表4－15**）。

　このような総合力と専門力を兼ね備えた職員の育成のため、同市では、職員が職務経験を通じて自ら行う将来設計（キャリアデザイン）への支援と、その実現までの道筋（キャリアプラン）をつける支援を行っている。総合力は、様々な職場と仕事を経験することで徐々に身に付く。その過程で、自分の得意な分野や興味のある分野も少しずつ見えてくるようになる。このような中、職員は自分の将来あるべき姿について深く考える。その将来像の実現に向け、職員

の成長を支援していくのが市の役割ということである。

　同市では、入庁後約10年の間に、「窓口部門」「管理部門」「事業部門」の概ね3つの分野を経験させ、市政の基礎的な実務内容を一通り理解させる。30 ～ 40代の中堅職員向けには、能力の自己分析と将来のキャリアプラン作成を行うキャリアデザイン研修を実施し、現時点の自身の能力、価値観、意欲、知識、経験などを客観的に把握しながら、今後の職員生活に関する将来ビジョンを作成する（**図表4 － 16**）。

図表4 － 15　藤枝市の「スペシャル・ジェネラリスト」のイメージ図

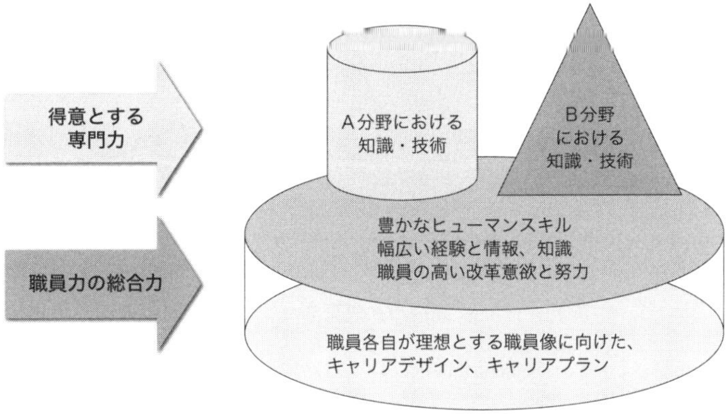

得意とする専門力

職員力の総合力

A分野における知識・技術

B分野における知識・技術

豊かなヒューマンスキル
幅広い経験と情報、知識
職員の高い改革意欲と努力

職員各自が理想とする職員像に向けた、
キャリアデザイン、キャリアプラン

資料出所：藤枝市「新・人財育成基本方針［改訂版］」（2016年）を一部改変

　藤枝市では、人財育成に特化した「人財育成センター」を2020年度に総務部内に設置した（**図表4 － 17**）。このような機関の設置は、県内市町で初の試みである。同センターでは、①職員の士気をさらに高め、市民奉仕の熱い心で、政策をつくる力と進める力をさらに高める取り組み、②市政をたくましく担うプロフェッショナル（総合力のある専門家）を計画的に育てる取り組み、③職員の働き

方を見直し、さらに効果的に市民に奉仕する環境をつくる取り組み、④地域で活躍する人財の情報の発信、大学との連携などによる元気な人財の育成、などを行っている。

図表4－16　藤枝市におけるキャリア形成の流れ

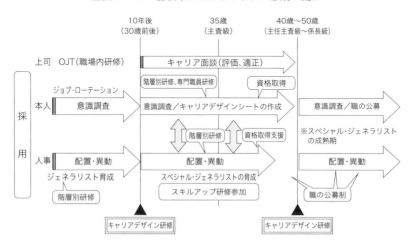

資料出所：山梨秀樹「自治体における組織経営と人財の育成～その効果的な手法に向けた1考察～」『静岡産業大学情報学部研究紀要』第23号（2021年）

図表4－17　藤枝市人財育成センターの組織

資料出所：藤枝市ホームページ
https://www.city.fujieda.shizuoka.jp/soshiki/jinnzaiikusei/jinnzaiikusei2/15988.html
（2021年7月10日閲覧）

　人財育成センターでは、人財育成事業として階層別研修、特別研修（目的別研修）、OJTの徹底などのほか、「職員修練道場」や「職員寺子屋」など同市独自の育成策も展開している。

　職員修練道場は、市長から課長級までの職員が師範となって、自

身の知識や経験を後進の職員に伝えるための講話であり、職員寺子屋は、専門的な知識・能力を持つ職員が後輩職員に実務の知識を伝授する講義である。いずれも職員が講師となることで、先輩職員の高い能力と豊富な知識に触れる貴重な機会となり、職員が自身の将来像を描く上で大きな助けになるとともに、講師を務める職員のプレゼンテーション能力のアップや知識の整理にも寄与しているという。

藤枝市では、このように職員が職員を育てる仕組みづくりを推進しており、それらを「藤枝型職員養成体制」と呼んでいる。また、前述の職員修練道場や職員寺子屋のほか、OJTの推進にも力を入れている。OJTの指針を作成するとともに、OJT研修を実施し、部下や後輩職員を指導する立場の職員がコーチングやティーチングの手法を学ぶことで、各所属でのOJTが適切かつ着実に行われることが期待されている。このような職員が職員を育てる体制が構築されることで、外部の力に頼ることなく、市の組織内で恒久的に人財育成が推進される。

(2) 解 説

藤枝市の「スペシャル・ジェネラリスト」は、全職員が共通して持つべき総合力の上に、職員ごとの専門力を加えようとするものである。神奈川県のようにジェネラリストとスペシャリストを分けた複線型人事制度を設けるのも一つの手であるが、職員数がさほど多くない自治体においては、職務分野をいくつもに分けて多様なキャリアパターンを設けるのは難しく、また、管理職のなり手を確保するには一定数のジェネラリストを抱えておく必要がある。そのような場合には、全員にジェネラリストの資質を持たせ、さらにスペシャ

リストの資質を加えることで、1人で両方の役割を果たせる人財を育てるのもまた一手であろう。

　スペシャル・ジェネラリストに求められる総合力と専門力を獲得させるため、市はジョブローテーションを行ったり、職員研修を実施したりしている。人財育成は様々な方策が有機的に作用し合うものであり、藤枝市においても人財の育成、活用等のサイクルを意識した施策展開を図っている（**図表4-18**）。

図表4-18　藤枝市におけるキャリア形成の流れ

活躍できる人財をしっかり活用

人財育成

人財育成施策の柱と取組

1　キャリアデザインの推進
・キャリアデザインの指針の活用
・キャリアデザイン研修の実施
・キャリアプラン作成（人財育成フォローアップ制度）

2　スペシャル・ジェネラリストの育成
・階層別研修等の充実
・専門職員研修の充実
・視察派遣研修の実施
・資格取得支援事業の実施
・自己啓発等休業、修学部分休業の導入
・その他自己啓発の支援

活躍する職員が後進をきっちり育て

3　藤枝型職員養成体制の構築
・OJTの強化
「職場における職員の指導指針」の活用
・新規採用職員指導研修の充実
・OJT研修の充実

人財活用

人財活用施策の取組

1　職の公募制
・キャリアプランを尊重した人財登用

2　ジョブローテーション
・キャリアプランを尊重した人事配置

活躍する職員を後進指導に活用

人財育成フォローアップ制度の実施
・職員修練道場の実施
・職員寺子屋の実施

資料出所：藤枝市「新・人財育成基本方針［改訂版］」（2016年）

　ところで、スペシャリストと言われるにはどの程度の経験が必要なのだろうか。1つの仕事に対して熟達するには通常10年以上の経

験、学習が必要とされ[8]、それに至るには4つの段階があるとされる（**図表4-19**）。

　これを踏まえると、特定分野の専門家と呼ぶには担当者として最低6年以上、できれば11年以上の経験が必要と考えられるが、最初の10年程度を教育のためジョブローテーションに充てることを考えると、管理職に昇進する前に同じ分野でそれだけの実務経験を積むことは決して容易ではない。その分は研修を効果的に行うことで補うのが適当であろう。

図表4-19　熟達化の段階

おおよその 業務歴	熟達化の段階	熟達の程度
1年目	手続き的熟達化 （初心者）	指導者による監督のもと、仕事の一般的手順やルールを学習する。
3〜4年目	定型的熟達化 （一人前）	定型的な業務は速く正確に行うことができる。非定型的業務では時間が掛かったり、ミスを起こしたりすることがある。
6〜10年目	適応的熟達化 （中堅者）	状況に応じて業務を進めることができる。経験からの知識や想像力を発揮して非定型的業務を進めることができる。
11年目以降	創造的熟達化 （熟達者）	高いレベルのパフォーマンスを効率よく正確に発揮できる。状況に応じた新たな手順やルール、技を編み出すことができる。

資料出所：眞﨑大輔監修・トーマツイノベーション編著『人材育成ハンドブック―いま知っておくべき100のテーマ』（ダイヤモンド社、2017年）の記述をもとに筆者作成

6 ［人材育成・能力開発］四條畷市： 職員エンゲージメントの向上[9]

⑴ 事例の概要

　大阪府四條畷市は、近年急激に採用試験の応募者が増加している自治体の一つとして知られている（**図表4－20**）。これは2018年度からビデオ通話を利用したオンライン採用面接を導入した影響が大きいと言われている。来庁の負担をなくし、受験者の増加を狙ったものであるが、初年度の2018年秋の採用試験において、事務職（大学卒業程度）と同（民間企業等職務経験者）の2つの試験区分を対象としたところ、計282人と応募者が飛躍的に増加し、うち67人がオンライン面接を希望した。同市では、話題性や報道による影響もあったが、応募エリアの拡大に成功したことで応募者が増えたのではないかと分析しており、北海道など遠方からの受験者獲得にもつながったとみている。

図表4－20　四條畷市の採用試験の応募者数（事務職）と倍率の推移

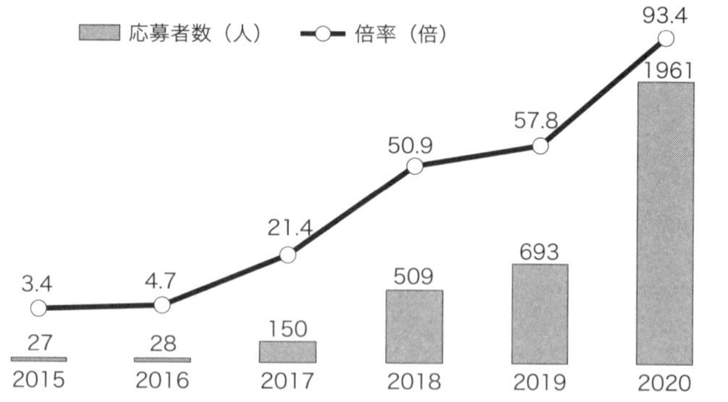

注）大卒、民間企業経験者合計の数値。
資料出所：四條畷市資料を一部改変

　その後、2019年1～2月実施の採用試験では、保健師、社会福祉士、土木、建築の各職種にも対象を拡大した。翌2019年度には、面接

試験の候補日時から受験者の都合の良い日時を選択できる「面接予約システム」を導入し、2020年度には、新型コロナウイルス感染症対策として、最終面接以外はすべてオンライン面接で行い、時間と場所に左右されない録画によるビデオ面接も導入した。

　この録画によるビデオ面接は、1次選考の効率化にも大きく貢献した。四條畷市では、1次選考で応募者全員を面接しているが、2020年度は応募者が1,468人まで増加し、その実施が難しくなっていた。そこで、民間企業のサービスを利用して、応募者への質問を録画して送信し、応募者はそれに対する回答を録画して送り返してもらうようにした。市としては面接会場の準備も不要で、時間の制約もないため、応募人数が約2.5倍に増えたにもかかわらず、選考にかかる時間は前回の半分以下になったという。また、スクリーニング効果があったことも見逃せない。応募者1,468人のうち、実際に動画を送ってきたのは516名にとどまっており、本気度の低い応募者は手間を嫌って脱落したものと考えられ、選考コストを低減させることになった。さらに、応募者の反応も良く、動画提出者の9割以上から好意的な評価を得ることができた。撮り直しが可能であったこと、都合の良い時間に対応できたことなどがその理由であると思われる。

　このように、四條畷市では「日本一受験しやすい環境」を目指し、様々な改革を活発に展開しているが、実はこれは「日本一前向きな市役所へ」をスローガンに掲げた組織改革の存在が大きい。かつて同市の職員には覇気がなく、疲弊して元気がないと言われていた。そこで、同市はその改善にはまず組織の状態を可視化することが不可欠と考え、2018年度から職員のモチベーションを測定する民間企業のサービスを導入して職員意識調査を行い、職員のエンゲージ

メントスコア（組織に対する職員の共感度合）を定量化することで組織改善に活用している。

　この職員意識調査は年3回実施され、1回あたり132問、所要時間は15 ～ 20分程度である。その結果から市役所、仕事、上司、職場それぞれに対する満足度や、各所属の強みと弱み等の傾向などが析出される。その結果を踏まえて対応策を講じ、職員の意識改革が進められる。特に市の経営層に相当する理事・部長級職員の意識改革を優先し、そこから徐々に下の職層へ広げようとしているが、2年が経過した時点で早くもその効果が現れ始めている（**図表4－21**）。

図表4－21　四條畷市職員の意識変容（エンゲージメントスコアの推移）

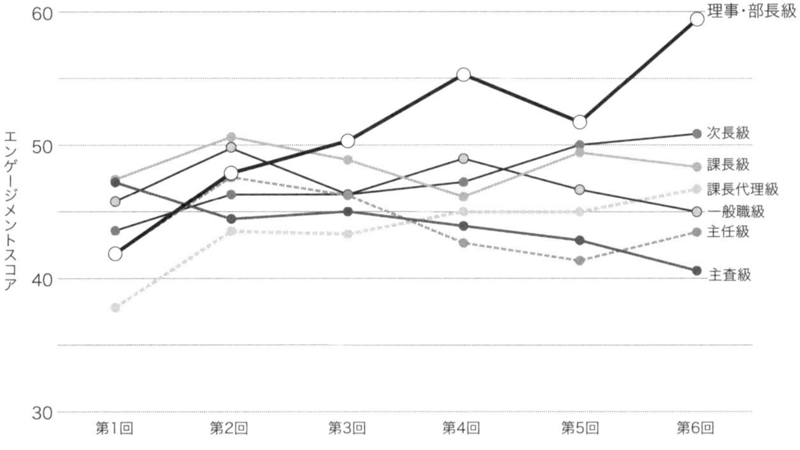

資料出所：四條畷市資料を一部改変

(2) 解　説

　職員エンゲージメントとは、勤務先の自治体に対する愛着心や思い入れ、さらには、自治体と職員が一体となってお互いに成長・貢

献し合う関係までを指す。職員満足度とは異なり、職員の自治体に
対する貢献意欲を引き出すことが目的であり、相互作用によって自
治体の業績向上にまで影響を与える（**図表４−22**）。さらには、業
務の効率化や離職率の抑制効果もあるとされている。

図表４−22　職員満足度と職員エンゲージメント

	職員満足度	職員エンゲージメント
目的	職員満足を 生み出す	貢献意欲を 引き出す
項目	Privilege（待遇）に 関すること	Privilege（待遇）に加えて Philosophy（目標）、Profession （活動）、People（風土）に関すること
関係	自治体から一方的に 職員に提供する	職員が期待しているものを 自治体から提供する
	▼	▼
	業績に結びつきにくい	**業績に直結する**

資料出所：モチベーションクラウドホームページ
https://www.motivation-cloud.com/hr2048/36858（2021年7月11日閲覧）を一
部改変

　四條畷市の場合、職員エンゲージメントのスコアを測定すること
で、その状況を把握し、スコアを上げるにはどうすればよいかを考え、
実行してきた。最大の効果は、実際の数値や傾向をもとに具体的な
議論が可能となったことである。従来は感覚的、感情的な議論にな
りがちだったのが、組織の状況が数値で可視化されたことで、ファ
クトベースでの対策を立案できるようになったのである。これによ
り、同市では「日本一前向きな市役所へ」の実現に向け、組織改革
が着実に進められている。今後の課題はこのシステムのより一層の
定着とPDCAサイクルの安定化を図ることであるという。

7 [人材活用・人材確保] 神戸市：職員の副業・兼業／福山市：副業・兼業前提の採用[10]

(1) 事例の概要

　近年、自治体では「副業・兼業」が流行りだしている。この場合の副業・兼業には2つの意味があり、1つは「自治体の職員が副業・兼業で所属する自治体の業務以外の仕事に従事すること」、もう1つは「新たに副業・兼業前提で職員を採用すること」である。

　前者の事例としては、神戸市の取り組みが有名である。同市は、2017年4月に「地域貢献応援制度」を開始し、営利企業従事にかかる許可の運用形態の一つとして職員の副業・兼業を積極的に認めるようになった。

　これは、市の職員が、職員として培った知識・経験等を活かして、市民の立場で地域における課題解決に積極的に取り組めるよう、その後押しをすることを目的として、営利企業への従事等のうち社会性・公益性の高い継続的な地域貢献活動に、報酬を得て従事する場合の取扱いを定めたものである。当初は市内の活動に限定されていたが、職員からの声を受け、市外の活動も認められるようになった。これにより、地域への貢献に加え、市職員の人材育成に寄与するという目的も加わった。

　しかし、すべての活動が認められるわけではない。活動内容の審査基準としては、①社会性（現在解決が求められる社会的課題に取り組む活動か）、②公益性（不特定かつ多数のものの利益の増進に寄与する活動のうち、より社会的な需要が高いと認められる活動か）、③計画性（単発の活動ではなく、継続した活動が見込まれるか）の3つの基準があり、認められるには、これらをすべて満たす必要がある。

　なお、地域貢献応援制度（**図表4－23**）は、地域で様々な活動に携わり、職員としての知識や経験をより豊かなものにすることが狙いであって、近年増加している民間企業の副業・兼業の促進とは趣旨が異なることに注意が必要である。

図表4－23　神戸市「地域貢献応援制度」の概要

項　目	詳　　　細
活動対象	(1)報酬等を得て行う、公益性の高い継続的な地域貢献活動であること。 (2)社会的課題の解決を目的として、神戸市内外問わず地域の発展・活性化に寄与する活動であること。
活動の方法	活動の方法は個人活動、法人や任意団体などに所属して活動するなど、形態は問わない。
対象職員	対象とする職員は、次のすべてに該当する者とする。 (1)一般職の職員であること。 (2)活動開始予定日において、在職0カ月以上であること。（ただし、臨時的任用職員は概ね在職1カ月以上、再任用職員は在職期間不問とする。）
許可申請	(1)原則として活動開始予定日の1カ月前までに所属長の承認を得て各局室区長まで決裁のうえ、各局室区人事担当課を経由し、行財政局部人事課に以下の書類を提出する。 　①「様式2　地域貢献応援制度　営利企業への従事等の制限にかかる許可申請書」 　②活動計画書 　③その他任命権者が必要と認める書類 (2)許可にあたっては、提出書類をもとに要件審査及び内容審査を行う。
要件審査	(1)勤務成績が良好である者（活動開始予定日の属する年度の前年度の人事評価の能力評価及び業績評価がともに中位以上である者。） (2)勤務時間外、週休日及び休日における活動であり、職務の遂行に支障がなく、かつその発生のおそれもないこと。 (3)報酬等（給料、手当などの名称のいかんを問わず、労務、労働の対価として支給あるいは給付されるもの。講演料、原稿料などの謝金）は地域貢献活動として許容できる範囲であること。 (4)当該年度及び過去5年以内に当該団体との契約、補助、指導・処分を行う職に就いていないこと。 (5)地域の発展・活性化に寄与する活動であること。 (6)営利を主目的とした活動、宗教的活動、政治的活動、法令に反する活動でないこと。

資料出所：東京市町村自治調査会「公務員の副業・兼業に関する調査研究報告書～職員のスキルアップ、人材戦略、地域貢献の好循環を目指して～」（2020年）

後者の事例としては、広島県福山市の取り組みが有名である。

　自治体の仕事は年々複雑化・多様化しており、重要な施策を効果的に推進するには、外部の新しい発想を取り入れていく必要がある。その一方で、人材獲得競争が激化する中、民間企業の最前線で活躍するような専門性の高い人材を採用することが難しくなっている。

　そこで福山市は、2018年3月、民間企業の最前線で活躍する高度専門人材を「戦略推進マネージャー」として、副業・兼業を前提に採用した。副業・兼業を前提とする採用は全国初である。同市では副業・兼業による高度専門人材活用の考え方を「福山モデル」と呼び、高度専門人材の活動を、市内外へ段階的に波及させていくことを想定している（**図表4－24**）。

図表4－24　福山モデル

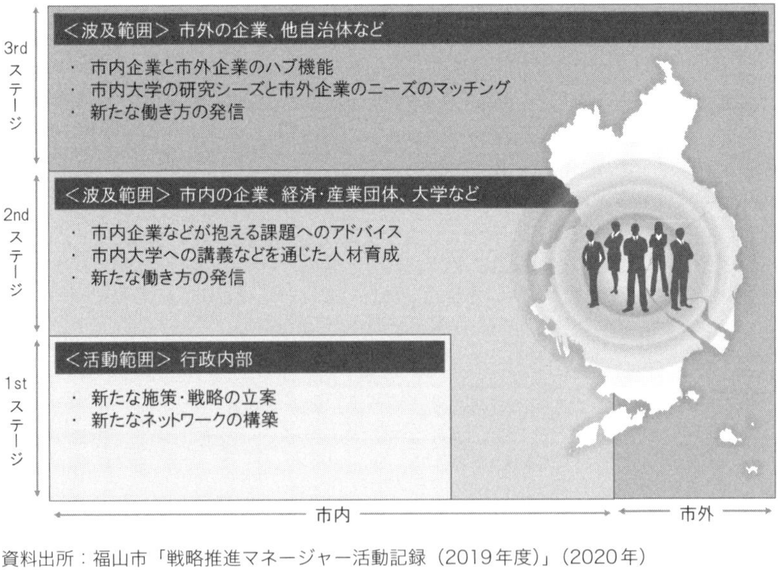

資料出所：福山市「戦略推進マネージャー活動記録（2019年度）」（2020年）

(2) 解 説

　神戸市の地域貢献応援制度は、職員が勤務時間外に、社会性・公益性の高い地域貢献活動をする場合において、市が正当だと認めた場合は報酬を得て従事することを許可する取り組みである。この取り組みは、同市以降、奈良県生駒市、宮崎県新富町をはじめ、多くの自治体に広がっている。地域活動の担い手不足の解決策の一つとして、そして職員の人材育成手段の一つとして、今後もこの動きはさらに広がるものと思われる。

　福山市の副業・兼業を前提とする採用は、採用が困難な高度専門人材を確保しようとするものである。同市以降、長野市、浜松市、生駒市、大阪府能勢町などでも副業・兼業を前提とする民間のプロフェッショナル人材の活用が行われるようになった。いずれの公募も数十倍から職種によっては260倍もの高倍率となり、メインの職業としてではなくても自らのスキルを地域運営に活かしたいと考える人が相当数存在することが明らかとなった。

　政府の「働き方改革実行計画」において副業・兼業の普及促進を図る方針が示されて以降、従業員のスキルアップ、業績悪化に伴う従業員の収入減への対応などを目的に、副業・兼業制度の導入に高い関心を持つ企業は少なくない。労務行政研究所が2021年春に実施した調査によれば、約35%の企業が副業・兼業を容認している[11]。このような副業・兼業を前提とする勤務形態は、テレワークの普及によって時間の有効活用が図りやすくなったこともあって、今後もより盛んに利用されるものと思われる。

〈注〉

⑴　本節の記述は、ふじみ野市ホームページ、同市人事課への聞き取り調査（2021年4月）による。

⑵　大谷基道「ポスト分権改革時代における自治体の職員採用」大谷基道・河合晃一編『現代日本の公務員人事—政治・行政改革は人事システムをどう変えたか』（第一法規、2019年）。

⑶　本節の記述は、福知山市ホームページ、同市職員課への聞き取り調査（2019年12月）、『公務員試験受験ジャーナル』3年度試験対応Vol.3（実務教育出版、2020年）による。

⑷　本節の記述は、池田市「平成30年度版人事評価制度活用ガイド　本編（V1.1.0）」、「同　別冊参考資料（その2）（V1.1.0）」（2018年）、入江容子『自治体組織の多元的分析—機構改革をめぐる公共性と多様性の模索』（晃洋書房、2020年）による。

⑸　池田市「平成30年度版人事評価制度活用ガイド　別冊参考資料（その1）（V1.2.1）」（2018年）。

⑹　本節の記述は、神奈川県ホームページ、神奈川県「県庁改革の取組み〜平成22年度及び23年度当初に向けて〜」（2011年）、同「組織・人事改革戦略」（2016年）、同「第2期組織・人事改革戦略」（2019年）による。

⑺　本節の記述は、藤枝市ホームページ、藤枝市「新・人財育成基本方針」（2016年）、山梨秀樹「自治体における組織経営と人財の育成　〜その効果的な手法に向けた1考察〜」『静岡産業大学情報学部研究紀要』第23号（2021年）による。

⑻　K. A. Ericsson *The Road to Excellence: The Acquisition of Expert Performance in the Arts and Sciences, Sports and Games*, Lawrence Erlbaum.（1996年）

⑼　本節の記述は、四條畷市ホームページ、エン・ジャパン㈱「Video Interview」ホームページ、モチベーションクラウドホームページ、「四條畷市 安田美有希氏インタビュー」HOLGホームページ、「四條畷副市長 林有理氏インタビュー」同前、2019年1月24日付時事通信社iJAMPによる。

⑽　本節の記述は、神戸市ホームページ、神戸市長インタビュー「『働き方改革』を推し進めてめざす神戸市流の『生産性向上革命』」自治体通信ONLINEホームページ、福山市ホームページ、東京市町村自治調査会『公務員の副業・兼業に関する調査研究報告書〜職員のスキルアップ、人材戦略、地域貢献の好循環を目指して〜』（2020年）、大谷基道「職員力と自治力—自治体と民間の垣根を越える」『自治実務セミナー』第701号（2020年11月号）による。

⑾　労務行政研究所「副業・兼業の最新実態」『労政時報』第4017号（2021年）。

第5章

自治体職員の未来

第5章では、パラダイム・シフトが起こりつつある現在、今後の自治体職員はどうあるべきか、どう育成するべきか。トータル人事システムの観点から自治体職員の未来を考える。

1 パラダイム・シフト

⑴ ウィズコロナの時代

　第1章でも触れたように、地方行政が置かれている環境は、2040年に向けて大きな変化を遂げつつある。2020年から世界中を襲った新型コロナウイルス感染症の拡大は、変化の前兆を感じさせるにはインパクトが大きすぎた。感染症の拡大とそれへの対応は、自治体の業務のあり方、進め方、国と地方の関係、デジタル化への取り組み状況など、今後の自治体のあり方や自治体職員の未来についての課題を析出することとなった。

　小中学校の一斉休校、東京オリンピック・パラリンピック開催の延期決定、緊急事態宣言、飲食業の休業・時短営業の要請、ステイホームの呼びかけ、それらの影響を受けた飲食業や宿泊業への壊滅的な打撃など、誰もが予期できなかった社会経済環境の変化を新型コロナウイルスはもたらした。国民はその後、新しい生活様式を強いられた。「ニューノーマル」は、マスク着用、三密回避、ソーシャルディスタンスなど、多くの不便を強いることになった。

　感染症対策としてマスクは必須だったが、2020年春の時点では品薄状態が続いていた。国の政策として、まず転売規制や増産支援のための補助が行われたが、それだけでは品薄状態は収まらず、布マスクの配給が急遽決まった。これは郵便サービスの全住所配布システムを通じて、つまり、国のルートを通じて行われた。都道府県も市町村もそれに関与する余地はなかった。他方で、国民一人当たり10万円の特別定額給付金の支給事務は市区町村の自治事務とされた。

　住民からすれば、布マスクの配給も特別定額給付金の支給も、い

ずれも新型コロナ関連の政策である。しかし、あるものは国から、あるものは居住地の自治体からそれぞれ支給される。なぜそうなっているかを知る住民は多くはない。住民は、税金を「政府」に納め、「政府」が様々な行政サービスを提供すると捉える場合が多い。提供主体が中央政府なのか地方政府なのかを意識することは少ないが、クレームは一番身近な地方政府に寄せられる。自治体職員は特別定額給付金関連の苦情対応に追われたが、同時に、マスクに関する住民からのクレームにも追われることになった。

　新型コロナウイルス感染症対策のワクチン接種の政策は、両ルートが混在するものとなった。医療従事者への接種を最優先としたあと、第2順位としての65歳以上の高齢者への接種は当初、市区町村が主体となって進められることとされた。しかし、医師や看護師など十分な医療資源の確保ができない自治体では、高齢者への接種計画がスムーズではなかった。また、対象者へのワクチン接種券の発行時期も自治体ごとに大きな差が生じ、さらに、接種予約の混乱も各地で見られることとなった。スマホやPCを使ったWEB上の予約と、電話予約、市役所等での対面予約が並びたち、諸外国比較でのICTの普及遅れがワクチン接種予約の混乱をもたらしていることは明らかだった。

　その後、ワクチン接種のスピードを向上させるために、国は東京と大阪に大規模接種会場を設け、自衛隊が運営にあたることとなった。さらに、各都道府県における大規模接種会場の設置、運用も始まった。この時点で、ワクチン接種の主体は市区町村、国、都道府県となったが、国や都道府県の大規模接種会場における接種においては、市区町村が発行するワクチン接種券が不可欠だったため、ここでもまた、早期の接種を望む市民からの苦情が市区町村役場へ殺

到することとなった。各自治体ではワクチン接種関連事務や現場での オペレーションのため、庁内の各部署から多くの職員をかき集めざるを得なくなった。

(2)　第4次産業革命

　既に第4次産業革命が起こりつつあったところに新型コロナ問題が登場した。第4次産業革命とは、18世紀末以降の水力や蒸気機関による工場の機械化（第1次産業革命）、20世紀初頭の分業に基づく電力を用いた大量生産（第2次産業革命）、1970年代初頭からの電子工学や情報技術を用いた一層のオートメーション化（第3次産業革命）に続く技術革新を指す（**図表5－1**）。コアとなるのは、IoT、ビッグデータ、AIであり、複雑な作業が可能となっているロボット技術も含まれる。

図表5－1　各産業革命の特徴

第一次産業革命	第二次産業革命	第三次産業革命	第四次産業革命
18〜19世紀初頭 蒸気機関、紡績機など軽工業の機械化	19世紀後半 石油、電力、重化学工業	20世紀後半 インターネットの出現、ICTの急速な普及	21世紀 極端な自動化、コネクティビティによる産業革新

資料出所：「平成29年版情報通信白書」107頁

　こうした技術革新により、①大量生産・画一的サービス提供から個々にカスタマイズされた生産・サービスの提供、②既に存在している資源・資産の効率的な活用、③従来人間によって行われていた労働のAIやロボットによる補助・代替などが可能となる。第1章で見た総務省の「自治体戦略2040構想研究会」報告書はその点を視野に入れている。

　既に取り組みが始まっている具体的な事例としては、①財・サー

ビスの生産・提供に際してデータの解析結果を様々な形で活用する動き、②民泊やカーシェアをはじめとするシェアリング・エコノミー、③AIやロボットの活用、④フィンテック（FinTech）の発展、があげられる。

(3) HRテクノロジー／HRテック

フィンテックは日々の新聞紙上に出てくる日常用語となりつつある。金融機関とのやりとりがネットでのやりとりになり、問い合わせはチャットボット、コールセンターには紙マニュアルはなくAIワトソンが繰り出す画面を見ながら応答するオペレーター、投資も人間のトレーダーではなくAIが行っている。これに合わせて銀行の店舗改革も急速に進んでいる。

フィンテック（ファイナンスとテクノロジー）のみならず、第4次産業革命の中、様々な領域でテクノロジーが掛け合わさった（クロステック（×Tech））ビジネスが生まれた。ヘルステック（健康とテクノロジー）、アグリテック（農業とテクノロジー）、リーガルテック（法律とテクノロジー）などである。エドテック（教育とテクノロジー）という言葉には馴染みがある人もいるだろう。2019度補正予算では、AI型ドリル教材、オンライン型英語教材などエドテック導入実証事業に予算がついた。

人事部門にもこの流れが入ってきた。HRという言葉は**第3章2**(1)人材マネジメントの項で触れた。日本の自治体では馴染みが少ないが、英米の自治体では随分以前から「人事課」ではなく「人的資源課（Human Resources）」と呼ぶことが多かった。人材をいかにうまく活用するかに重点が置かれている。このHRにテクノロジーが掛け合わさって、HRテクノロジーが生まれた。日本の人事部門

では、従来、KKDが重要だと言われてきた。勘（K）と経験（K）と度胸（D）である。Dはデータではなく、度胸を指していた。だが、民間企業では、様々な領域でデータに基づく人事戦略、HRテックを進めようとしている。その動きは早く、政府文書にもHRテクノロジーという用語が登場し始めた[1]。

⑷ パラダイム・シフト

　第4次産業革命が始まりつつあったところに、ウィズコロナの時代が重なり、生活様式も仕事の進め方も、従来のものとは抜本的に異なるものへと転換が進みつつある。「パラダイム・シフト」といえるかもしれない。これは「その時代や分野において当然のことと考えられていた物の見方や考え方、社会全体の価値観などが革命的・劇的に変化すること」を意味する。天動説から地動説へ、幕末の動乱・明治維新、終戦後のGHQ統治と国家体制の根本的変革。いずれも物の考え方や社会経済のあり方を根本的に変革した。それがいままさに進行しつつある。パラダイムを定義したトーマス・クーンによると、その突破は「古い考えの否定」に始まる。新興企業の中にはコロナ禍で業態を根本的に変革する所もある。大手企業もデジタルシフト、リモート対応へと抜本的に舵を切るところが増えてきた。

　社会全体でパラダイム・シフトが起きつつあるときに、自治体はどう対応すればよいのだろうか。住民サービスのために粛々と継続しなければならない業務は依然として存在する。業態を変えることはできない。だからといって、社会の流れには抗えない。不可逆的な流れであるパラダイム・シフトに対応した自治体の組織転換、組織文化の転換が必然的に求められている。

　このような状況下で職員各自はどのような意識を持ち、人事担当部門や各職場のマネジャーはどのような取り組みを進めていく必要があるのだろうか。

2　自発的キャリア形成

⑴　英米における自発的キャリア形成

　日本の地方公務員の人事管理は英米とは大きく異なる。とりわけ、人事担当部署が職員の異動権限を有しているという点と、給与体系が「職務・職責」「職種」よりも「勤続年数」に依拠する部分が多いという点が決定的に異なる。ここから、自発的なキャリア形成が必要不可欠となる英米に比べて、日本はそうではないという違いが出てくる。

　日本の自治体に勤務する職員は、定期的な人事異動という慣行を当然のものとして受け止めている。だが、国際的に比較すると日本の組織はやや特殊な位置付けとなる。英米では、民間でも公務でも、異動のきっかけは従業員の側からというのが一般的である。公募に応じて徐々にキャリアアップを図る。労働市場が比較的オープンなので、企業を超えて転職し、給与のアップもそれに付随してくる。

　公的部門でも同様の慣行を有している国が多い。例えば英国の自治体においては、ポスト（例えば○○課長）の空きが出たときに、職務内容、給与の範囲等の勤務条件を明示して、庁内LANで公募をかける。庁内だけではなく、自治体HP、地元新聞等を通じて内外に公募をかける場合も多く、むしろその方が一般的だ。応募してきた部内職員、他の自治体職員、民間企業在職者など様々な者の中から書類審査、面接によって適任者を選ぶという形が一般的である。

人事課の方で人を動かし、昇任者を一方的に決めるという例は多くはない。本人からのアクションがない限り、異動することは考えにくい。米国の自治体の場合も同様である。

　給与体系も日本とは大きく異なる。英米では日本のような年功的給与カーブにはなっておらず、定期昇給がほとんどないため（3、4年で頭打ち）、同一の職にとどまっていた場合は、加齢しても給与は上がらない（物価上昇に見合ったベアがあるだけである）。そこで職員はキャリアアップを図るとともに、給与上昇を期待して、空席ポストへの応募を繰り返すことになる。

　そのためには、自らを売り込むことのできる能力等を高める必要があるし、在職ポストにおいて良い人事評価を得る必要がある。その上で、空席ポスト（現在勤務する自治体以外の場合も多い）を丹念に探して応募し、選考において競争に勝ち抜く必要がある。英米で上昇志向の強い人、より高い給与を求める人はキャリア開発に熱心である。雇用条件締結の際も、どれだけ研修の機会があるか、あるいは研修のための職務免除や交通費の負担、研修費用の負担をどれだけ認めてくれるかなどが重要な確認事項となっている。労使交渉がある場合にはそこでも研修がどれだけ充実したものかが焦点となることが多い。

　本人からのアクションがない限り、原則として同一職場で同一の仕事を（ほぼ同一の給与で）ずっと続けることになる[2]。個人の価値観や家庭の事情からそれで満足する例も少なくないが、現状にとどまることは給与上昇をあきらめることを意味する。退職時の給与の高低によって退職後に受け取る年金額も大きく異なってくるので[3]、職員個々人が自らのキャリアを選択し能力開発に取り組むことが必然的に求められる仕組みとなっている。

(2) 日本におけるキャリア形成

英米と比較すると、日本の場合は公務でも民間でも職務を細かく規定しない包括的な雇用契約が一般的であり、異動の決定は、組織主導型になっている。異動を通じて職員の能力を育成するということが日本型雇用の特徴である。逆に言えば、組織の側がしっかりと個々人のキャリア形成・開発を意識した人事戦略を立てなければ、人は育ちにくいといえるだろう。

日本の自治体で個人の側が決定権を持つのは、多くの場合採用時点に限られる。学生は、どの自治体の採用試験を受けるかを選択できるが、採用後の決定権は彼（女）の手を離れる。採用された後は、「職員が生涯にわたって従事する仕事内容」について、その大部分を決定する権限は任命権者側が有している。配属、異動、昇任を任命権者が決める。昇任試験制度のある自治体では職員がそれを受験するかどうかを選べるが、合格して昇任しても異動先を決めるのは組織の側である。

英米の自治体では、職員は自分の専門性を活かしながら、自治体間（及び、場合によっては州や国）をわたり歩くことも多いが、日本では一部の職種（医師等）を除けばそのような事例は稀有である。

人材育成の基本は「自学」（自己学習）である。自ら学び、学習してはじめて本人の成長がある。英米ではそれを刺激するインセンティブ体系が明確だが、日本の場合にはそれがあいまいとなっている。そのため、組織としてそのような枠組みを作り、職場や上司が刺激を与える必要がある。

英米と比べて自発的なキャリア形成の動機が小さくなってしまうことを前提とした上で自治体職員のキャリア開発・キャリア形成をトータルに考えていく必要がある。

3　トータル人事システムで考える自治体職員の未来

　2040年を見据えて、今後どのような人材マネジメントをしていくことになるのか。第4章までで見てきた、豊田市や他の先進自治体の事例も参考にしつつ本節では考察を進めていきたい。

　豊田市のトータル人事システムは、採用・配置、評価、能力開発、報酬の4つの項目があげられていた。このうち報酬について見ると、給料や諸手当の中身については地方自治法（第204条）に規定されており、また、給料月額水準や諸手当については、地方公務員法上に均衡の原則等が規定されている（第24条）。国家公務員の俸給や諸手当に準拠する形での給料や諸手当を決めることが原則となっている以上、そこから逸脱した給与体系や手当の支給は、現実問題としては難しい[4]。

　そこで、給与体系については現状のものを前提としつつ、他の項目における改善を通じたトータル人事システムの構築について考えていきたい。

⑴　採用活動

　採用活動を時間軸で見た場合、募集→選抜→組織社会化の3つのフェーズからなる（**図表5－2**）。

図表5－2　採用活動のプロセス

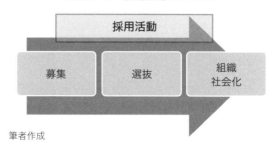

筆者作成

募集は、潜在的受験者にアピールをして魅力的な候補者群をつくる段階であり、選抜はその候補者群から採用内定者を選び出して彼らから内定の受諾を得るまでを指す。組織社会化は、内定を出した人材を、自治体組織に適応させて、能力を発揮させ、業績を上げることができるようにする段階である。

募集、選抜だけを切り離すのではなく、採用した職員が組織に適応し、業績を上げるようになるまでを、「採用活動」と考える必要がある。採用担当者の仕事が最終合格発表で終わるわけではない。

2つのマッチング

採用活動のプロセスにおいては、2つのマッチングが重要だ（**図表5－3**）。

①1つ目は、受験者が組織に対して求めているものと、組織が個人に提供できるものとの間のマッチングであり、勤務条件、報酬、働き方、能力開発の機会、職場環境などがそれにあたる。

このマッチングは、募集の段階における募集要項などを通じた情報提供や、大学等における説明会、OB・OG訪問などを通じた双方の情報のやり取りによって調整されることになる。双方の情報共有がうまくいっていないとミスマッチが起こり、入庁後の自治体組織に対する幻滅、組織へのコミットメントの低下、さらには若年職員の離職につながる可能性がある。**第2章9**でも触れたように、自治体側は、ネガティブな面も含めて現実に根差した職務情報を正確に発しておく必要がある（RJP：リアリスティック・ジョブ・プレビュー。現実職務の事前提供）。

図表5-3　2つのマッチング

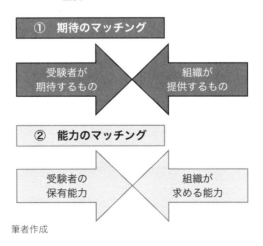

筆者作成

　②もう1つは、受験者の有する能力と、組織が必要としている能力とのマッチングの問題である。受験者が有する能力は、入庁後の個々人の業績につながる。このミスマッチは、期待される組織業績の低下につながる。組織が求める人材像を改めて認識しつつ、それに基づく募集、選抜活動をする必要がある。募集要項に年齢や学歴などの受験資格要件を書くだけではなく、「○○という（○○ができる）人材を求める」としっかりと書き込む必要がある。選抜プロセスにおいても、求める人材像に沿った人材選抜ができる試験方法を考える必要がある。住民とのコミュニケーションを第一に置くならそれを測ることのできる面接技法を考える必要がある。他方で、第2章1で見たように、実は法務能力を求めているのに、応募者を増やすために専門試験を廃止することは、求める人材像と合わない試験ということになる。

　どの自治体も優秀な職員を採用するために努力をしてきた。その際の一つのメルクマールが「採用倍率」であり、より大きな候補者

群を形成し、その中から選抜することに重点を置いてきた。倍率が低くなるとその原因を探り、いかに応募者数を増やすかの努力を続けてきた。大切なことではあるものの、他方で、上の2つのマッチングがうまくできているかどうかについて改めて問い直す必要もあるだろう。高倍率を勝ち抜いて採用した、「優秀な」（と自治体で評価した）新規採用職員が、リアリティショック[5]により退職してしまうという事例は何を意味するのか。①のマッチングが十分に行われていないことに起因する場合も少なくない。

組織社会化の時間軸

組織社会化は、組織参入時点を境に、入職前の予期的社会化と、入職後の組織内社会化に分けられる（**図表5-4**）。組織への円滑な社会化のためには、予期的社会化の段階も重要とされる。つまり、組織社会化は、採用後の話にとどまらず、募集段階からスタートする長期的な視点が必要となってくる。RJP以外にもインターンシップやOB・OG訪問、導入時研修、専門教育などが予期的社会化に影響を与え、組織参入にポジティブな影響を与える[6]。第4章1で見たふじみ野市や第4章2で見た福知山市の事例は、そのことを実践するものともいえる。

入庁後の組織内社会化の段階においては、職場の管理職の役割が重要だ。新規採用職員が配属された場合、どのような業務を割り当てるのか、誰をメンターとするのか、OJTについてどの程度管理職自身が関与するのか、などについて詳細に決めておく必要がある。

図表5−4　RJPなどが組織社会化（予期的社会化と組織内社会化）に与える影響

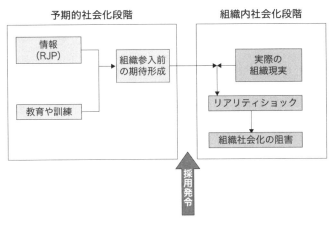

資料出所：尾形真実哉「組織社会化研究の展望と日本型組織社会化」（2017年）213頁図3
　　　　　を筆者一部改変

キャリアショック

　新規採用職員はキャリアショックに陥ることが少なくない。キャリアショックには種々のものがあるが、組織社会化の下位次元とされる[7]職業的社会化、文化的社会化、役割的社会化で考えてみよう。

　職業的社会化とは、社会人として生きていくことに対するものであり、組織で実践する仕事において一般化される職業的価値や技術を包含する。大学とは違って毎朝定時に出勤し、特定の業務に従事しなければならない。決裁文書の書き方にも慣れていない。

　文化的社会化とは、組織の特定の価値観や行動規範、思考様式の学習に焦点を当てている。役所の文化、価値観、行動規範といったものに慣れるのは一朝一夕にはいかない。

　役割的社会化とは、組織の中で個人に割り当てられた役割を獲得し、正しく理解した上で、必要十分な業務遂行を行うことができるようになる役割的次元のことをいう。周りから新規採用職員として

求められる役割に関するキャリアショックがあげられる。他の職員よりも早くに出勤していることや、朝の事務室のごみ捨てや、コピー取りといったことが職場で求められているとしたら、それに対するギャップを感じる新規採用職員もいるだろう。

戸惑いや不安を抱える新規採用職員にとって、先輩や上司のひと言は非常に大きな意味を持つ。言動には注意が必要だ。だが逆に、腫れ物を触るような扱いをするのもこれまた問題である。

新規採用職員のキャリアショックをできるだけやわらげるために、公務員生活に関しての導き手となるような先輩がいることが望ましい。比較的多くの自治体で、メンター制度（ブラザー・シスター制度）を取り入れている。メンターの役割は、①担当業務の内容や進め方の直接指導、②業務遂行や職場生活に関する各種の情報や人的ネットワークづくりの補助等の情報紹介、③業務に限らず、公私における様々な問題について助言指導を行う、など幅広く考えられていることが多い。組織的社会化の3つの下位次元のいずれにおいても、メンターに求められる役割は大きい。

(2) 配 置

人事異動の目的

入庁後に実施される職務と人とのマッチングが初任配属であり、その後の「人事異動」である。異動は異なる部署や職場を水平的に動くため、「移動」ではなく、「異動」の文字が充てられる。垂直方向の移動が昇任・昇格にあたる。昇任は、「職員をその職員が現に任命されている職より上位の職制上の段階に属する職員の職に任命することをいう」（地方公務員法第15条の2第1項第1号）と定義されている。他方、昇格は給与等級の上位等級に上がることを指すた

め、部署異動や昇任を伴わない昇格も比較的多く見られる。昇任は必ず昇格を伴うが、昇格は昇任を伴わない場合もある[8]。

さて、日本の組織は、そもそも何のために人事異動を行うのだろうか。第2章3でも触れたように、おおむね2つの視点からまとめられる（**図表5-5**）[9]。

図表5-5　人事異動の目的

組織の側の論理	職員の側の論理
組織を運営するためには、人事異動が不可欠である	**人材育成の観点から、ローテーションは不可欠である**
・組織に刺激を与え活性化を図る。 ・適材適所の配置により、組織力を向上する。 ・人的な交流を行うことによりネットワーク財産を蓄積する。 ・仕事上のアンバランス解消や、リストラクチャリング。 ・部門間セクショナリズムの打破。 ・同一人の長期同一職場在籍による不正を防止する。	・職員本人の適性を発見する。 ・職員本人の能力開発（仕事の幅を広げたり、難易度を上げる）。 ・マンネリズムの打破。 ・過度の専門化を防ぐ。

筆者作成

ここで自治体に限定して考えると、自治体の究極の目的である「住民福祉の増進」（地方自治法第1条の2）、つまり、「住民サービスの向上」という自治体組織の目的からすれば、**図表5-5**における組織の側の論理も、職員の側の論理も最終的には同じ方向を目指しているといえる。**「適材適所の配置を行って、個人の能力の活用と意欲の向上を図り、同時に組織力を高める」**と要約できる。英米に比べて自発的キャリア形成がより困難な日本の人事慣行においては、組織の側が、職員個々人の「自学」をどのように促して能力開発をするのかという観点から、長期的なスパンでの異動計画を作成して組織力を高めていく必要がある。

自律的な異動

本章2(1)で見た英米のような「本人からの異動のアクション」は日本ではむしろ例外に属する。本人の意向は人事担当セクションへ伝わることもある（かもしれない）というのが伝統的な人事慣行であった。

しかしそもそも、人事異動の目的は上に見たように「適材適所の配置を行って、個人の能力の活用と意欲の向上を図り、同時に組織力を高める」ことである。組織の便宜だけでなく、異動を通じて職員の自学を促し、能力開発をするのも重要な要素である。そのため、職員が納得できるよう、異動に関して一定の選択余地を与える制度も必要になってくる。

民間企業においても、従業員自身の希望を異動決定の情報としてより重視する企業が増えている。従来、申告内容を参考程度に扱う企業が少なくなかったが、最近は、積極的に自己申告制度を活用する企業が増えてきた。また、能力開発・自己啓発の実績や今後の希望、キャリアプランなどを重視し、キャリアデザインのために自己申告を活用している事例も多くなってきている。

自治体について見ると、約9割の市で「異動に関する自己申告制」を導入している[10]。ただ、同じ「自己申告制度」という名称を掲げていても、その中味は自治体により多様である。自治体によっては「行きたくない課」を書かせる自治体もある。制度の運用実態となるとさらにバラエティに富む。

自己申告制度については課題も種々指摘される。曰く、集約の時間がかかる、異動希望先が特定の課に集中する、希望がかなわない職員のモラールが低下する、自己申告制度を軽視する風潮が生まれる、異動希望を出した職員を上司が快く思わないケースがある、な

どである。

　だが、キャリア形成に関する主導権を職員の側に委譲していく制度として、豊田市のジョブリクエスト（第3章3⑶②）のような自発的な異動の仕組みも付加的に考える必要がある。たとえそのような大掛かりな仕組みを急には導入できないとしても、自己申告制度を改善することで本人のキャリア開発に資するものにすることも可能である。

　例えば、次のような改善を行うことが考えられる。まず第1に、制度趣旨の明示である。異動希望先の提案書としてのみ捉えられがちな制度だが、個々人のキャリアの振り返り材料として、今後補う必要のある能力を把握する資料として、活用される側面を強調する必要がある。

　第2に、職員への情報提供も欠かせない。実は各課の職務実態が職員一般には明らかでないことも多い。そこで各課の詳細な職務内容や月別残業時間などの参考情報を、人事担当課が庁内LANにおいて積極的に公表していくことも考えられる。また、所属別に異動希望状況、希望達成率などの公表も検討されてよい。

経歴管理システム

　人事異動で職員の育成を考える場合、単に、人事記録表に所属名を順に記入するだけではなく、そこでどのような仕事を行ってきたのかについての経歴管理をする必要がある。豊田市の例で見たように（第3章3⑶①）、経歴管理台帳のようなものを整備して、従事した「業務」や研修受講記録、資格取得状況、人事評価結果、自己申告についても記録を蓄積しておく必要がある。紙の記録では限界があるが、電子データでの蓄積だと容量制限は無限大に近い。

データ整備により、今後は人事異動も、EBPM（証拠に基づいた政策形成）を進めていくことが可能になるし、その成果を客観的に評価することもできる。民間企業ではHRテックが急速に普及して、異動作業の補助をAIが担う例も出てきている。自治体でも、まずは、経歴管理システムを充実させることで職員のキャリア開発を重点的に進めることが必要である。

⑶ 評　価

第3章2⑷で総務省の報告書も触れているように、適正な配置・処遇は、組織力の向上や職員本人のやりがいに直接寄与するものである。報告書は「能力や業績に基づく人事評価結果を処遇へ反映することにより、職員の持つ能力を最大限に活用することができるとともに、モチベーションの向上につなげていくことができる」としている。豊田市のトータル人事システムにおいては、人事評価（人事考課制度）が一丁目一番地のシステムの根幹だ。同時に、目標達成によるマネジメント体質の強化やOJTによる人材育成機能をも併せ持つ制度として運用されている。

人事評価制度は、法律の趣旨の範囲内で、組織特性や組織規模など各自治体の実情に応じて構築・運用がなされるのは当然である。ただ、どのような人事評価制度であっても、豊田市の「人事考課の効果的運用ポイント」（第3章3⑵④）であげられていた、いい仕事をするためのマネジメントシステムであること、組織の中での自分の位置付けを理解すること、上位職になるにつれてマネジメントにかかる時間がより必要になること、処遇への反映は上司に説明責任を発生させること、面談を重視すること、などは自治体共通のことだと考えられる。

175

2016年の改正地方公務員法施行以降、自治体における人事評価制度の導入及び「任用、給与、分限その他人事管理の基礎とする」という法の趣旨に沿った制度構築は相当進んだ（**第2章2参照**）。ただ、職員の納得性、公平感を引き出すことが職員の人材育成の観点からはとても重要であり、評価者自身が人事評価の意味をよく理解した上で、部下にきちんと説明できているかどうか、が問われている。

　ここでも、管理職のマネジメント能力が問われている。日本の管理職を襲う3つの変化として、①組織のフラット化、②管理職のプレイヤー化、③職場の多様化・高齢化、があげられることが多い。「1990年代に進行した組織のフラット化、職場のダイバーシティの増大などを背景に、現在、管理職の計画的育成は危機に瀕している」[11]とも言われている。事情は自治体でも同じである。フラット化、グループ制を進めた結果、部下を持たないまま昇格・昇任し、人事異動によって突然多くの部下を持ってしまって人事評価者となる、という例も見られる。従来は、係長昇任時、課次長昇任時にそれぞれ監督職研修などを受けるとともに、実践での訓練も進められていたが、研修や実践がないままに、いきなり大勢の部下を抱える上司になってしまうものである。一部の自治体では、これに対処するために、第1次評価者（例えば課長）になる前に、その下位職位の者に評価補助者を命じて評価者になるための準備をさせるとともに、評価者の負担軽減を図っている。

　管理職のプレイヤー化、プレイングマネジャー化もまた、多くの自治体で見られるところである。人員削減の結果、課長や課次長が、係員が遂行するような業務を兼務して行っている場合も少なくない。だが、管理職の業務は「部下の能力を引き出して全体業務を

遂行するもの」という点を再度認識し、部下の指導育成、人事評価、そのフィードバックに時間を割くという気持ちを持つだけでも、かなり状況は異なってくる。

(4) 能力開発

職業生活の長さと技術変化の周期のずれ

既に見たように、第4次産業革命が起こりつつあり、自治体の業務遂行体制も今後大きな変化が予想される。2021年通常国会でデジタル・ガバメント改革関連法も成立した。それに先立つ2020年12月25日に閣議決定された「デジタル・ガバメント実行計画（2020年改訂版）」及び、同日に総務省から発出された「自治体デジタル・トランスフォーメーション（DX）推進計画」では、2026年3月までを計画年度としている。10年前には考えられないスピードでICTの導入、電子決裁、電子申請など自治体の業務遂行のあり方が根本的に変わりつつある。

これまでにも基幹システムの導入、各職場におけるPC利用といった技術の変化は職場環境や業務遂行体制の変化をもたらしてきた。能力開発においてポイントとなるのは、40年にも及ぶ職業生活の長さと、技術進歩の周期が異なる点への対応である。技術変化がスピードを増している現在、入職までに開発された能力だけで過ごせるはずもない。そのため、職業人になってからの能力開発が重要になってくる。様々な技術変化に遅れた職員が担当できる業務範囲は大幅に制限されるからである。公務員の定年年齢が65歳となった現在、40年以上現役で生き生きと働くためには、的確な能力開発が不断に行われることが不可欠である。

能力開発のインセンティブ

　能力開発のためには、相当のエネルギーを注ぐ必要がある。英米の自治体では、自発的キャリア形成、能力開発のインセンティブが組み込まれており、職員はそれぞれの昇格昇任や給与アップを目指してスキルを磨く。業務遂行の経験を重ね、資格取得を目指し、積極的に研修に参加する。これらは、次のポジションへのステップとして重要な要素だからだ。

　これに対して、日本の自治体の場合は、自分自身で能力開発しなくても、若いときは一定年数ごとに昇格があるし、どの給与等級においても、右肩上がりの給与カーブが相当高齢になるまで継続する。何もしなくても給与が上がり続ける仕組みとなってしまっている。昇任せずとも給与が上がるので、**第2章4**で見たように昇任したくない職員も増えてきている。自発的キャリア形成が英米に比べて低調な日本の自治体においては、能力開発のインセンティブをいかに持たせるかが大きな課題になってくる。

　1つは評価をきっちりと行うことである。評価結果をきちんとフィードバックし、評価者が被評価者の優れているところを誉めるとともに、足りないところを指摘してその能力の向上のための研修や自学を紹介することが必要だ。また、経歴管理システムを充実させて、当該職員のこれまでの業務履歴（所属歴よりも詳しく）を確認しつつ、今後伸ばすべき能力についても評価者から伝える必要があるだろう。処遇への反映も、本人のインセンティブになる。勤勉手当の上乗せは、本人が評価されていることを確認できる素材であり、たとえ微々たる金額であっても、モチベーションアップにつながる。

　人事評価で定めた評価以外にも、職場での先輩、同僚や部下、あ

178

るいは、顧客である市民の評価というものもある。これらは評価シートに載るものではないが、本人の大きな刺激になる。報酬には金銭報酬だけではなく、他者から認められるという報酬もあり、それがやる気につながることも多い。

さらに、自律的な異動など自発的キャリア形成を支援する仕組みを導入している場合には、そのための能力獲得に各職員はコミットすることになるので、職員の能力開発への取り組みも深くなる。

自らの意思で学ぶ環境を作るには、学ぶ環境のある人を採用することと、学びあう場を促進する、ということの2点が重要だとの指摘もある[12]。

OJTとOff-JTの組み合わせ

大学卒で自治体に入職する場合、16年（小中高12年、大学4年）の学校教育期間を終える時点の能力をもとに採用されるが、その後、65歳定年までは40年以上ある。日本では同一自治体で定年まで勤務することが多く、かなり以前は、一度業務を覚えたらそれが一生通用すると考えられていた。職位が上がるにつれて、それに伴う管理職的業務を行うための研修が階層別研修として組み込まれており、それで十分だった時代もある。だが1990年代以降、新しいテクノロジーを使いこなさなければ業務を遂行できないことも多くなってきた。基幹システムの導入、職場におけるPC導入の進展、そして近時の電子申請、電子決裁の流れ。様々な変化が次々に起こる中で、常に学び続ける姿勢が必要になってくる。

能力開発の基本は仕事の場での学習、つまりOJT（オン・ザ・ジョブ・トレーニング）である。どのような仕事・業務を行ってきたかが、各職員の職業能力をある程度決める重要な要素となってく

る。しかしながら、ただ漫然と仕事をこなしているだけでは能力の伸びは大きくはない。OJTにおける目的意識と育成計画があってはじめて能力形成が行われていくことになる。

　OJTが能力形成、能力開発の基本であるのは言うまでもないが、節目でのOff-JT（研修）も必要である。日々経験したことは、大きな袋に放り込まれている。一定年数経てば、袋がパンパンになってその中にはいろんな経験がごちゃ混ぜの状態で入っている。これらの経験、知識や体験をきちんと整理して、いつでも使える形にまとめ直す作業をOff-JTで行うことになる。日々の業務で蓄積された経験の棚卸しを行い、やや距離を置いて見直して、整理することも必要である。それが職場を離れて一定期間行われるOff-JTに他ならない。

　このように能力開発においては、OJTとOff-JTを効果的に組み合わせていくことが重要になってくる。

OJTの重要性と推進体制

　OJTはコストと具体性の面で優れているため、世界中の労働現場で一般的に使われている訓練方法である。人材育成の基本は、職場での経験の場づくり、そして、そこでの職員自身の自学の促進なので、体験学習を積めるシステムをいかに構築するかが、実は、OJTの要である。

　体験学習による自学の促進は、①職務を通じて訓練が行われるので時間的にも効果的にも効率的、②学習の成果の現実的フィードバックが早く、プレッシャーも高いため、密度の濃い学習が可能、③仕事に直接役立つ実践的な知識や技能を修得できるためメンバーも張り合いが出る、④文書などで客観的に表現できない知識・技能、「暗黙知」を学ぶことができる、など期待される効果も大きい[13]。

　ここで重要なことは、ただ仕事をさせておくだけではOJTには
ならず、①現状把握、②目標設定（習得すべき技能や知識）、③期
間設定、④指導者、⑤事後評価（習得の程度の判定）が備わってい
なければならないとされる[14]。これは、工場等のOJTが念頭に置か
れた記述であり、自治体現場では必ずしもその通り適用されるもの
とは限らないが、現状把握、目標設定、指導者を設定することは重
要で、これらを念頭に置きつつ進められることが望まれる。

　ある自治体の「人材育成ハンドブック」は、その大部分がOJT
についての記述となっており、OJTの推進体制として、**図表5-6**
を示している[15]。

図表5-6　OJT推進体制の事例

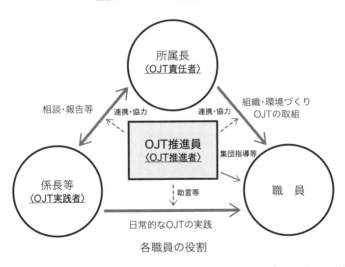

資料出所：滋賀県総務部人事課・政策研修センター「人材育成ハンドブック」（2017年）6頁

　この自治体では所属長の部下の数は20人から30人と多く、所属
長（課長等）がOJTの責任者であるものの、総括補佐等をOJTの
推進員として定め、OJT実践者である係長等への助言を行うなど、

重要な役割を持たせている。OJT推進員は、「人材育成に積極的な組織づくり」や「誰もが能力を発揮できる環境づくり」を担うとともに、職員の服務、キャリアの形成等について所属長を補佐する、とされている。OJTの実践は係長等が行う。OJTの対象である職員自身も、メンター（この自治体ではブラザー・シスターと呼んでいる）に指名された場合は、「新規採用職員が気軽に相談できる雰囲気づくりや仕事の進め方等について相談に応じ、必要な助言等を行う」とされていて、彼ら自身もまたOJTを実践することもある。

このように、「全ての職員が人材育成において重要な役割を担っていることを認識し、それぞれの立場で取り組んでいく必要」性を強調し、OJTが課長だけの仕事ではないことを明確にしている。

OJTの推進体制は各自治体の組織規模や所属の大きさなどの組織特性に応じて決める必要があるが、職場全体で取り組むべき課題であることは全自治体共通である。

効果的なOJTのために

効果的なOJTのためには、（A）体験の場づくり、（B）体験の深さの確保の仕組み、（C）目指すべき目標の提示、が必要だ[16]。

（A）体験の場づくり

① 人事ローテーションとキャリアパス（人事担当部門の仕事）

経歴管理システムによる業務経験の記録をもとに、人事配置を考える必要がある。

② 職務分担の工夫（職場・所属長の仕事）

同じ課や係にいても業務内容が違うと新しい職場に異動したと同等の効果がある場合が多い。また、同じ業務内容でも担当区域の変更や、対象者の変更など職務分担が変われば同様の効果がある場合

もある。上司としては、熟練した職員を配置した方が安心して仕事を任せられるが、新しい仕事へのチャレンジは職員の能力開発を進める。人材育成と職務効率のトレードオフをどのように考えるかという問題だが、中長期的に見ることが肝要である。

　職務分担の工夫の方法としては、①現在の能力よりも若干高度な仕事を担当させる（チャレンジ精神の喚起や自学につながる）、②今まで担当していた仕事とは異なる仕事を加える（異質な経験を加え、視野拡大を図る）、③まとまりのある仕事を与える（企画から実行、評価までのまとまった仕事を割り振って任せる）、④ペアやチームの組ませ方を変える（協働して職務を遂行する相手が変わることによる刺激）、などが考えられる。

(B) 体験の深さの確保の仕組み

　体験学習の場があっても、その体験が深いものでなければ学習にはつながらず自学の刺激にならない。そこで、体験の深さを確保する仕組みが必要になってくる。

　①　人事評価の厳しさ（人事担当部門、所属長の仕事）

　適切な厳しい人事評価があるところでは、真剣度が増し、体験が深まることにつながる。

　②　ピアープレッシャー（職場の仕事）

　同僚がその職員を見る眼（これもある意味での評価である）も、体験の深さを確保する。

　③　体験から学ぶ姿勢（職場の仕事、所属長の仕事）

　仕事の厳しさを求めるだけではなく、体験から学んでいくという姿勢を職場が共有していることも重要である。

(C) 目指すべき目標の提示

　最後に、目指すべき目標をしっかりと提示することがあげられる。

① ロールモデルの提供（職場の仕事、人事担当部門の仕事）

当該職位がどのような役割を求められているのかを明示し（例えば監督職の役割、主任の役割）、そのモデル的なものを提供して方向性を明らかにする。

② 組織目標の提示（組織全体の仕事、所属長の仕事）

組織全体の中での担当業務の位置付けを理解させることも必要である。組織全体の目標における部署の目標を理解し、さらに個々の課単位（あるいはそれよりも下位の単位）の目標を明らかにして、各自の担当業務の位置付けを理解させることが必要だ。これもまた人事評価の目標管理に基づく業績評価とも連動する。

Off-JT

Off-JTの機能の一つは、職務で得た経験や知識、体験をきちんと整理し、いつでも使える形にまとめ直す作業である。新たな知識を学ぶ場としてのOff-JTもある。後者として、①ITやRPAなどの新しい技術などを学ぶ場合と、②職位ごとに必要な知識や能力を昇任前にあるいは昇任後に得る場合とがある。こうした観点から、階層別研修や一定の節目での研修を既に体系化し、新しい技術に関する研修も毎年見直して提供している自治体も少なくない。小規模自治体の場合は自前での提供は難しいが、都道府県単位の研修センターで提供される研修への職員の派遣が一般に行われている。いずれの場合でも、求められる人材像、人事評価の評価項目が、研修体系と合致してトータルなものとして連動していることが理想的な形である。

今後の課題は、研修受講のインセンティブ付与と機会付与、経歴管理、研修効果の向上だと考えられる。

　第2章6でも触れたように、研修への職員の派遣に理解のない職場が存在する。目の前の業務が回らないことが理由としてあげられるが、中長期的に見ると組織全体の能力底上げにとってマイナスになってしまっている。必ず一定時期に一定の研修を受けることを義務付け、経歴管理システムにインプットしておくことで、職場の理解を促すとともに、対象者が受講していない場合には、本人のみならず上司にもペナルティを与える仕組みを構築することも考えられる。

　なお、コロナ禍で緊急避難的に始まったオンライン研修、オンデマンド研修であるが、対面で行う研修に比べて仕事への支障は少ないので、アフターコロナにおいてもこれらを本格的に活用することも検討されてよい。もちろん、職場を一定期間離れて、他の所属の人たちと意見交換しながらインタラクティブに受ける研修はその効果が大きいので、研修内容による使い分けが必要である。

　インセンティブとしては、研修受講が将来のキャリア形成につながるような経歴管理システムを構築しておくことも一つだろう。給与に反映される人事評価の項目に、研修を通じた能力形成を入れるということも考えられてもよい。

　研修の効果については、従来から、カークパトリックのアプローチでの測定が提唱されてきた。彼は効果測定・評価には、レベル1（反応）、レベル2（学習）、レベル3（行動）、レベル4（業績）の4段階があり、それぞれのレベルで適切な評価方法を採用する必要があるとした[17]。「反応」としては、受講者アンケートや受講者ヒアリングによって、「学習」としては、研修の事後テストや理解度・習得度測定などによって、それぞれ評価を得る。いずれも研修の場で測定し得る。これに対して「行動」では、受講者が職場や実際の業務で学んだことを生かしてどのように行動しているかを評価す

る。研修受講後の実践期間（1か月～1年）を設定し、受講者や上司に実践度合いをヒアリングするなどの方法で評価を得る。また、フォローアップ研修を行って、実践結果を受講者から発表してもらう方法もある。これに対し「業績」の評価はかなり高度で測定が困難なものである。企業での売上高の向上などが指標に使われる場合もあるが、自治体の場合、測定は難しい。

Off-JTの目的は学ぶことそれ自体ではなく、学んだことが行動変容につながることである。そのため、レベル3「行動」の部分がとりわけ重要である。この点に関し、近時「研修転移」の研究が進められている。研修転移とは、「研修の現場で学んだことが、仕事の現場で一般化され役立てられ、かつその効果が持続されること」と定義される[18]。

研修転移を促すために上司の巻き込みは不可欠だ。研修前には、上司に強制力を働かせる（上司の人事評価との連動や、上司に研修を体験させる等）、研修内容を現場の課題とフィットさせる、上位方針と連動させる、などがその方法としてあげられる。研修中には、研修に集中できる環境をつくる、研修の一部に上司や幹部に関わってもらう、研修の前後と紐付ける（戻った後の行動目標を宣言させる等）といったものがあげられる。また、研修後には、上司と部下で並走させる、事後アンケートを活用する等があげられる。

なお、第2章11で触れた、「越境学習」も注目されるところである。個人が所属する組織の境界を往還しつつ、自分の仕事・業務に関連する内容について学習・内省することをいう。イノベーションが求められる時代背景、キャリアに関する考え方の変化、がその理由としてあげられる[19]。

4 おわりに─ウィズコロナ／アフターコロナの時代に自治体職員に求められること

　新型コロナ対応は現在は非常時対応ではあるが、アフターコロナの時代にはこの対応が平時の対応になっていく。今後はいつでも新たな非常時に備えられるように、フレキシブルな組織体制を構築することが必要である。

　既に一部の自治体で進められたように、自治体の遂行すべき業務を、①非常時に優先すべき業務、②非常時に縮小（延期）すべき業務、③非常時に中止すべき業務、に分類してBCP（業務継続計画）を作成しておき、非常時には、②③の人員を①にシフトできるような仕組み作りが必要だろう。人事配置に際しても、多くの職員が①を経験するような配慮があれば、非常時の応援体制も容易になる。

　その上で、パラダイム・シフトに対応できるように「デジタル化」を急ぐ必要がある。自治体窓口では、既に様々な感染症対策をしているが、そもそも対面で行わなければならない業務なのかを改めて検討することが必要だ。押印廃止も驚くべき勢いで進められた。電子申請や電子決裁を取り入れる自治体も増えてきている。

　もちろん、保育、介護など非接触でのサービスが考えにくい業務もあるが、少なくとも、本庁の窓口は、その多くが非接触型に転換していく。韓国やエストニアでは役所とのやりとりはオンラインで完結するが、日本はそうではない。お年寄りなどの「デジタル弱者」の存在が「できない理由」としてあげられる。しかしそれらの人たちへの対策は取った上で、できる限りのデジタル化を進める必要がある。非デジタルであることは、役所窓口への物理的アクセスが困難な人々（勤務形態上難しかったり、育児をワンオペレーションで

やっていたりして平日の昼間役所にいけない人々）に逆に不便を強いてきた。いわば「非デジタル弱者」の不利益に目をつぶってきたことになる。

　デジタル化の一番の障害は、「カネ」と「ヒト」である。特に昔からの業務遂行方式に慣れ切った「ヒト」が知らず知らずの間に抵抗勢力になってしまっている。今後、自治体職員すべてがデジタル化に対応できるように人材育成を進める必要がある。情報システム部局だけがベンダーと話をするだけではもはや十分ではない。自治体職員すべてが自分の業務内容とICTとについてベンダーと議論ができる知識を持つ必要も今後は出てくる。

　自発的な異動、キャリア形成も活用しつつ、Off-JTでのIT関連知識やRPAの技術研修と、実践でのOJTとを組み合わせて、新しい技術に対応できる職員の育成がさらに重要になってくる。

　他方で、AI・RPAの普及により、PCで繰り返し作業をしていたような業務は人間がやる必要性が次第に薄れていく。それによって生まれたスラック（余力）を、本来、人間でないとできない、相談業務や訪問業務など、住民との接触へとシフトしていく必要がある。その際に必要となるコミュニケーション能力や調整能力は、OJTを中心に開発していく必要がある。

〈注〉
(1)　経済産業省「経営競争力強化に向けた人材マネジメント研究会」
　　https://www.meti.go.jp/shingikai/economy/jinzai_management/index.html
　　第1回事務局説明資料②。
(2)　米国の場合は定年制というものはなく、年金の受給年齢になれば自発的に
　　退職し、第2の人生をエンジョイするケースが多い。
(3)　米国の場合、年金の算定は、（最終年収×一定係数）で計算されることが

多い。例えば、消防官の場合、50歳以上で退職すると、（最終年収×3%×勤続年数）で計算される自治体が多い。つまり、30年勤続で退職すると、最終年収の9割が、年金として生きている限り支給され続ける。年金額が最終年収に依拠するため、できるだけ高い年収のポストまで昇任してから退職するというインセンティブが働く。稲継裕昭「アメリカ合衆国の地方公務員の給与制度について」『地方公務員月報』623号（2015年6月号）43－118頁。とりわけ、63頁などを参照。英国についても年金算定方法は類似している（もっとも最近改革の動きは出ているが）。

⑷ 幹部職員について定額制を導入した大阪府の例や、給与カーブの重なりをかなり抑えた箕面市や大津市の給与制度改革の事例が見られるものの、その後の全国的な広がりにはつながっていない。

⑸ 組織参入前に形成された期待やイメージが組織参入後の現実と異なっていた場合に生じる心理現象で、新人の組織コミットメントや社会化にネガティブな影響を与えるもの。尾形真実哉「組織社会化研究の展望と日本型組織社会化」中原淳編『人材開発研究大全』（東京大学出版会、2017年）、209－242頁。

⑹ 尾形、同上論文、212頁。

⑺ 尾形、同上論文、210－211頁。

⑻ 橋本勇『新版 逐条地方公務員法（第5次改訂版)』（学陽書房、2020年）、236、471頁。

⑼ 稲継裕昭『プロ公務員を育てる人事戦略：職員採用・人事異動・職員研修・人事評価』（ぎょうせい、2008年）、30－35頁。

⑽ 日本都市センター「第6次市役所事務機構調査」（2018年）結果。Q77「貴市において、次のような制度を実施していますか。またそれについてどのようにお考えですか。」「10 異動に関する自己申告制」……「実施しており、有効に機能している」（32.0%）、「実施しており、必ずしも全てに有効とは言えないが、意義はある。」（52.2%）、「実施しているがうまく機能しているとは言い難い。」（3.5%）という結果だった。

⑾ 例えば、中原淳「管理職へのトランジション」注⑸、前掲書、473－497頁参照。

⑿ 坪谷邦生『図解人材マネジメント入門』（ディスカヴァー・トゥエンティワン、2020年）、198－199頁。

⒀ なお、OJTについては、稲継裕昭『プロ公務員を育てる人事戦略 Part2：昇進制度・OJT・給与・非常勤職員』（ぎょうせい、2011年）、69－105頁を参

照のこと。

⒁　佐藤博樹・藤村博之・八代充史『新しい人事労務管理（第6版）』（有斐閣、2019年）、169 − 170頁。

⒂　滋賀県「人材育成ハンドブック（平成28年度改訂版Ver1.0)」（滋賀県総務部人事課・政策研修センター、2017年）、6頁。

⒃　伊丹敬之・加護野忠男『ゼミナール経営学入門（第3版）』（日本経済新聞社、2003年）、408頁。

⒄　注⑼、前掲書、88 − 93頁。

⒅　中原淳『研修開発入門：「研修転移」の理論と実践』（ダイヤモンド社、2018年）。

⒆　館野泰一「越境学習」注⑸、掲載書、555 − 578頁。

著者略歴

稲継　裕昭（いなつぐ　ひろあき）　　　　▶第1章、第3章、第5章

早稲田大学政治経済学術院教授。京都大学法学部卒、京都大学博士（法学）。大阪市職員（総務局、人事委員会事務局、市長室）、姫路獨協大学助教授、大阪市立大学法学部教授、同法学部長等を経て、2007年から現職。専攻は行政学、地方自治論、公共経営論。主な著書に『AIで変わる自治体業務』（ぎょうせい、2018年）、『評価者のための自治体人事評価Q&A』（ぎょうせい、2013年）。『地方自治入門』（有斐閣、2011年）、『公務員給与序説—給与体系の歴史的変遷』（有斐閣、2005年）、『テキストブック地方自治（第3版）』（共編著、東洋経済新報社、2021年）、『震災後の自治体ガバナンス』（共編著、東洋経済新報社、2015年）、『自治体の会計年度任用職員制度』（学陽書房、2018年）、『シビックテック』（勁草書房、2018年）ほか多数。

大谷　基道（おおたに　もとみち）　　　　▶第2章、第4章

獨協大学法学部総合政策学科教授。早稲田大学大学院政治学研究科博士後期課程研究指導終了退学。博士（政治学）（早稲田大学）。茨城県職員（人事課、国際交流課等）、（公財）日本都市センター主任研究員、名古屋商科大学教授等を経て、2016年から現職。専攻は行政学、地方自治論。主な著書に『東京事務所の政治学』（勁草書房、2019年）、『現代日本の公務員人事』（共編著、第一法規、2019年）、『災害連携のための自治体「応援職員」派遣ハンドブック』（共著、公人の友社、2021年）、『ダイバーシティ時代の行政学』（共著、早稲田大学出版部、2016年）ほか。

現場のリアルな悩みを解決する！
職員減少時代の自治体人事戦略

令和 3 年10月20日　第 1 刷発行
令和 5 年 7 月10日　第 3 刷発行

著　者　稲継　裕昭
　　　　大谷　基道

発　行　株式会社**ぎょうせい**

〒136-8575　東京都江東区新木場 1 - 18 - 11
URL：https://gyosei.jp

フリーコール　0120 - 953 - 431

ぎょうせい　お問い合わせ　検索　https://gyosei.jp/inquiry/

〈検印省略〉

印刷　ぎょうせいデジタル株式会社　　　　　　　　©2021　Printed in Japan

※乱丁・落丁本はお取り替えいたします。

ISBN978 - 4 - 324 - 11055 - 3
(5108747 - 00 - 000)

〔略号：リアル人事〕